Irina Bagdasaryan

Betões. Orientações metodológicas para a secção de aulas teóricas “Betões”

Irina Bagdasaryan

Betões. Orientações metodológicas para a secção de aulas teóricas "Betões"

ScienciaScripts

Imprint

Cover image: www.ingimage.com

This book is a translation from the original published under ISBN 978-3-659-88666-9.

Publisher:
Sciencia Scripts
is a trademark of
Dodo Books Indian Ocean Ltd. and OmniScriptum S.R.L publishing group

120 High Road, East Finchley, London, N2 9ED, United Kingdom
Str. Armeneasca 28/1, office 1, Chisinau MD-2012, Republic of Moldova, Europe
Managing Directors: Ieva Konstantinova, Victoria Ursu
info@omniscriptum.com

Printed at: see last page
ISBN: 978-620-8-52576-7

Revisor: Doutor em Ciências Técnicas, Professor G.G. Shekyan

Autor: Candidato a Ciências Técnicas, Professor Associado Baghdasaryan I.R.

Instruções metodológicas do curso teórico "Betões" na disciplina "Materiais de Construção".

Os objectivos das aulas teóricas são delineados, são dadas instruções metódicas para as aulas teóricas, são dadas perguntas para testar os conhecimentos teóricos, são delineadas as propriedades básicas da mistura de betão e do betão, a classificação, os materiais para a preparação do betão normal (pesado), as peculiaridades da betonagem no inverno, os tipos especiais de betão pesado.

As instruções metodológicas são elaboradas de acordo com o programa aprovado da disciplina "Materiais de construção" para os alunos da especialidade 270100 "Construção, produtos de construção e produção de estruturas".

ÍNDICE

INTRODUÇÃO 3

CAPÍTULO 1. BETÕES E CLASSIFICAÇÃO GERAL DOS BETÕES 4

CAPÍTULO 2. PROPRIEDADES BÁSICAS DA MISTURA DE BETÃO E DO BETÃO 16

CAPÍTULO 3 - Cálculo do consumo de material por 1m$^{(3)}$ de mistura de betão 24

CAPÍTULO 4. PARTICULARIDADES DA BETONAGEM NO INVERNO 29

CAPÍTULO 5. TIPOS ESPECIAIS DE BETÃO PESADO 34

CAPÍTULO 6. BETÃO LEVE 40

TESTES 48

LITERATURA 53

INTRODUÇÃO

O curso teórico da secção "Betões" é composto por aulas de revisão, utilizando a literatura recomendada. Como resultado do estudo da secção, o aluno deve: conhecer a classificação dos betões, materiais para a preparação de betão normal (pesado), propriedades básicas da mistura de betão e do betão, caraterísticas da betonagem no inverno, tipos especiais de betão pesado.

CAPÍTULO 1. BETÕES E CLASSIFICAÇÃO GERAL DOS BETÕES

1.1 Definição. Classificação dos betões.

Objetivo: Familiarizar os alunos com os betões, que são classificados de acordo com as seguintes caraterísticas principais: finalidade, densidade média, tipo de ligante, tipo de agregados, estrutura, condições de cura.

O betão (do francês *béton) é um* material artificial de construção em alvenaria obtido por moldagem e endurecimento de uma mistura racionalmente selecionada e compactada, constituída por um ligante (cimento ou outro), agregados grossos e finos e água. Em alguns casos, pode conter aditivos especiais ou pode não conter água (por exemplo, betão asfáltico). O betão é conhecido há mais de 4000 anos (antiga Mesopotâmia), tendo sido muito utilizado na Roma Antiga. A Itália é um país vulcânico onde os componentes a partir dos quais o betão pode ser fabricado estão facilmente disponíveis, incluindo pozolanas e escombros de lava. Os romanos utilizaram o betão na construção em massa de edifícios e estruturas públicas, incluindo o Panteão, cuja cúpula continua a ser a maior do mundo feita de betão não armado. Ao mesmo tempo, na parte oriental do Estado, esta tecnologia não se difundiu, na construção tradicionalmente utilizada pedra, e depois plintha barata - uma espécie de tijolo. Devido ao declínio do Império Romano do Ocidente, a construção em grande escala de edifícios e estruturas monumentais foi em vão, o que tornou impraticável a utilização do betão e, combinado com a degradação geral do artesanato e da ciência, levou à perda da sua tecnologia de produção. No início da Idade Média, as únicas estruturas arquitectónicas importantes eram as catedrais, construídas em pedra.

O betão moderno à base de cimento é conhecido desde 1844 (I. Johnson). Uma patente para o cimento Portland foi obtida em 1824 por Joseph Aspdin; uma patente para o "cimento romano" foi obtida em 1796 por James Parker.

O betão é um dos materiais de construção básicos, essencial para qualquer estaleiro de construção. *As fundações, lajes, lintéis* e muitas outras estruturas são feitas com base no betão. São valorizados pela sua resistência e durabilidade. Mas para a produção de diferentes estruturas será necessário utilizar diferentes tipos de betão. Por exemplo, situações diferentes requerem *uma força diferente,* um nível de resistência à humidade e outros indicadores. É por isso que a produção de diferentes tipos de betão é praticada atualmente.

1.1. CLASSIFICAÇÃO DO BETÃO

O betão é um material de alvenaria artificial obtido através do endurecimento de uma mistura adequadamente selecionada, cuidadosamente misturada e compactada de ligante, água, agregados e, quando necessário, aditivos especiais. A mistura dos componentes acima referidos antes do início do seu endurecimento é designada por *mistura de betão.* A massa de cimento, formada após a mistura da mistura de betão com água, envolve os grãos de areia e de pedra britada, preenche os espaços entre eles e desempenha o papel de lubrificação dos agregados, dando mobilidade (fluidez) à mistura de betão. A massa de cimento, quando endurecida, liga os grãos de agregados, formando uma *pedra artificial.*

O betão é atualmente o material de construção mais importante, produzido de acordo com uma tecnologia específica em função das condições de utilização. Os ingredientes adicionais na composição do betão melhoram os seus parâmetros técnicos e estruturais.

Os betões são classificados de acordo com as seguintes caraterísticas principais: por finalidade, por densidade média, por tipo de ligante, por tipo de agregados, por estrutura e por condições de cura.

Os betões distinguem-se ***em função da sua finalidade***: betões correntes e betões especiais: betão hidráulico, betão para a construção de transportes, betão rodoviário, betão resistente ao calor, betão estrutural e isolante térmico, betão resistente à corrosão, etc.

Consoante a finalidade, distinguem-se os seguintes tipos de misturas de betão:

- O betão corrente é utilizado para criar fundações, vigas, lajes e colunas;
- certos tipos de betão são utilizados para a construção de pavimentos, aeródromos e pavimentos rodoviários;
- O betão hidrotécnico é utilizado para a construção de canais, eclusas, barragens, obras hidráulicas;
- O betão para fins especiais pode ser resistente a ácidos, ao calor e à radiação.

Os betões *hidrotécnicos* incluem os betões utilizados na construção de estruturas hidráulicas (barragens, estruturas de regulação da água, tomadas de água e outras).

Os betões para a construção de *transportes* destinam-se à construção de pontes, passagens superiores, viadutos, bueiros e estruturas de regulação em caminhos-de-ferro e auto-estradas.

O betão para estradas é o betão utilizado em pavimentos de estradas, aeródromos e outras estruturas semelhantes. As condições de trabalho do betão rodoviário são desfavoráveis. É repetidamente sujeito a humedecimento e secagem, congelamento e descongelamento, bem como ao impacto dos veículos. As principais tensões de projeto são as tensões de flexão. Neste contexto, o betão rodoviário está sujeito a requisitos mais elevados de resistência à tração por flexão, resistência ao gelo, resistência ao desgaste e resistência ao ar. A durabilidade do betão rodoviário é alcançada não só pela escolha de materiais de qualidade, mas também pela correta tecnologia de acabamento. Para o betão rodoviário, utiliza-se cimento Portland de alta qualidade com um teor orgânico de C_3A, agregados de alta qualidade e resistência - pedra britada de granito, calcário, areia de quartzo, etc. Para aumentar a mobilidade da mistura de betão, são utilizados aditivos plastificantes e que envolvem o ar e, por vezes, são utilizados aceleradores de cura.

Os betões estruturais - isolantes térmicos são concebidos para estruturas de betão armado, que estão sujeitas a requisitos tanto em termos de capacidade de carga como de propriedades de isolamento térmico.

O betão *resistente à corrosão* é um betão capaz de resistir a meios agressivos em condições de funcionamento.

Em função da densidade média, distingue-se entre betão extra pesado, pesado, leve, leve, leve e extra leve (isolante térmico). A densidade do betão afecta diretamente caraterísticas como a resistência à compressão, a resistência ao gelo e a resistência à água. A densidade é influenciada pelos grandes agregados da mistura de betão - argila expandida, cascalho, diabásio, dolomite, calcário, granito. Os graus de densidade do betão vão de M50 a M800.

O betão particularmente pesado, com uma densidade média de 2500 kg/m³, é fabricado com agregados particularmente pesados (magnetite, barite, granalha de ferro, sucata de aço). São utilizados para construções especiais, por exemplo, na construção de edifícios de centrais nucleares para proteção contra radiações radioactivas, e também utilizados na construção de instalações especiais com possibilidade de resistir à contaminação radioactiva.

O betão pesado com uma densidade média de 1800 - 2500kg/m³ é feito com areia densa e agregado grosso de rochas densas e é utilizado em todas as estruturas de suporte de carga. O betão pesado é produzido utilizando rochas - granito, diabásio, calcário. A densidade do betão pesado é de 1800-2500 kg/m^3. De acordo com a marcação GOST, o betão pesado varia entre M50 e M800. Campo de aplicação: estruturas de betão e betão armado em edifícios e estruturas civis e industriais, incluindo engenharia hidráulica e instalações de transporte.

Os materiais *ligeiros com densidade média até 1800 kg/m³* são fabricados com agregados grosseiros porosos e utilizados em estruturas de suporte de carga.

O betão leve com uma densidade média de 500 - 1800kg/m³ é feito com agregado grosso poroso e agregado fino poroso ou denso. São utilizados principalmente para a produção de estruturas de fecho ou de suporte de carga.

O betão particularmente leve (betão celular) com uma densidade média inferior a 500 kg/m³ é fabricado com base num aglutinante e num agente de formação de pó. É utilizado como material de isolamento térmico sob a forma de placas.

De acordo com o tipo de ligante, os betões dividem-se em: cimento, ligante de cal, gesso, escória-alcalina, etc. O tipo de ligante é o principal fator que determina as propriedades da mistura de betão.

Os betões à base de cal são feitos de cal, areia de quartzo, escória, cinzas e aditivos minerais activos. Os betões à base de cal e de componentes de sílica, que endurecem durante o tratamento em autoclave, são designados por betões de silicatos. Os mais difundidos são os betões de silicato sobre areia de quartzo. São utilizados na indústria e na construção civil para o fabrico de blocos de parede, painéis, lajes de revestimento; os betões celulares são também utilizados para o isolamento térmico.

O betão de cimento e *a argamassa de cimento* são baseados em componentes de cimento. Os componentes mais utilizados são todas as variedades de cimento Portland, cimento de escória Portland e cimento pozolânico. Também são utilizados betões produzidos com base em cimento sem retração, cimento de tração e cimento de alumina. Aqui também podemos distinguir o betão decorativo feito com base em cimentos brancos e coloridos. A paleta de cores das misturas de betão inclui as cores azul, vermelho, amarelo, preto, castanho, verde e branco (o mais caro).

O betão de escórias e álcalis é um desenvolvimento relativamente recente. Este tipo de betão é criado com base em escórias misturadas com soluções alcalinas. Locais de utilização - construção de grandes objectos. Durante a construção de estruturas maciças utilizando uma mistura de betão à base de cimento Portland, é libertada uma grande quantidade de energia térmica, o que contribui para o aquecimento dos elementos de construção até 80 ° C, e com o arrefecimento rápido na estrutura de betão há uma elevada probabilidade de fissuras. A utilização de betão com escórias e álcalis ajuda a evitar este efeito negativo.

O betão resistente aos ácidos e ao calor contém vidro líquido, vidro - elementos alcalinos e escórias como aglutinantes. É utilizado na construção de projectos de construção especiais.

O betão de cimento polímero resulta da utilização de uma base aglutinante mista que contém látexes, resinas solúveis em água e cimento. Quando a mistura de betão arrefece, aparece uma película na superfície, que tende a inchar na presença de quantidades significativas de humidade. O betão de cimento polímero é utilizado em paisagismo, em trabalhos de acabamento interior e exterior e em pavimentos. Este tipo de betão pode ser trabalhado tanto manualmente como mecanicamente. É feita uma distinção entre o betão de cimento polímero com armação e o betão de cimento polímero com enchimento.

Os tipos combinados de betão incluem uma base de vários elementos aglutinantes. É utilizado em misturas de reboco que contêm gesso, cimento, cal e outros componentes.

O betão de gesso, produzido à base de gesso, é utilizado no fabrico de tectos falsos, de divisórias interiores e de elementos de acabamento. Na construção de casas de banho, são utilizadas misturas de gesso-cimento-puzzolana com elevada resistência à água.

O betão de silicato é muito raramente utilizado hoje em dia. O betão de silicatos é produzido utilizando cal e o método de cura autoclavada. Este tipo de betão pode ser utilizado em lajes de pavimento, em painéis de suporte de grandes blocos e paredes interiores, em tubos para a construção de minas e em fundações de estradas. Tipos particularmente fortes de betão de silicato são utilizados em travessas de caminho de ferro e na produção de ardósia sem amianto.

De acordo com o tipo de agregados utilizados no betão, existem agregados densos, porosos e especiais.

Os betões com agregados *densos* são feitos com agregados provenientes de rochas ou resíduos industriais com uma densidade média superior a 2000kg/m^3. Por exemplo, pedra britada de granito, escória metalúrgica.

Os betões com agregados porosos são feitos com agregados com uma densidade média inferior a 2000 kg/m^3. Por exemplo, cascalho e areia de argila expandida, pedra britada e areia de agloporite, etc. ou obtidos de rochas porosas - tufos, calcário, etc.

Os betões com agregados especiais são fabricados com agregados obtidos a partir de materiais que conferem ao betão determinadas propriedades. Por exemplo, os agregados de minérios de ferro de limonite, hemotite, com densidade aumentada, absorvem os raios radioactivos.

A granulometria dos grãos de agregado distingue entre grão fino e grão grosso: *o betão de grão fino* é o *betão* em que a granulometria do agregado grosso não é superior a 10 mm; *no betão de grão grosso*, a granulometria do agregado grosso é superior a 10 mm, com uma granulometria máxima de 40 mm.

Em função da natureza da estrutura, distinguem-se os seguintes tipos de betão: *betões de estrutura densa (fundida)*, em que o espaço entre os grãos de agregado é ocupado pelo ligante endurecido. O volume admissível de vazios intergrãos na mistura de betão compactado não excede 6%; *betões de grande porosidade (sem areia ou com baixo teor de areia),* em que uma parte significativa do volume de vazios intergrãos permanece desocupada pelo agregado fino e pelo ligante endurecido; *betões porosos*, em que o espaço entre os grãos de agregado é ocupado pelo ligante, poroso com aditivos formadores de espuma ou formadores de gás. Betão *celular* - betão com células criadas artificialmente - poros, constituído por uma mistura de ligante, componente de sílica finamente dispersa e aditivo formador de poros.

De acordo com o tipo de *agregado grosseiro poroso*, são estabelecidos os seguintes tipos de betão leve: betão keramsite, betão shungizite, betão agloporite, betão escória-pomes, betão perlite, betão sobre pedra britada de rochas porosas, betão vermiculite, betão de escórias (betão sobre combustível ou resíduos porosos de escórias metalúrgicas), betão sobre agloporite ou cascalho de cinzas.

A resistência do betão é determinada pelo seu grau. As diferenças na resistência dos graus de betão dependem das proporções de cimento, areia e pedra britada na sua composição. A elevada resistência do betão é obtida através da presença significativa de cimento.

A resistência do betão indica as suas propriedades mecânicas e a sua resistência às cargas. É medida em kgf/cm^2. O betão das classes M15-M50 é utilizado para a construção de estruturas de fecho e de isolamento térmico. Para a construção de estruturas simples (por exemplo, para a ponte da fundação) é utilizado betão com classes baixas: M50-M100. O betão M100-M150 é utilizado para fundações monolíticas. Para os painéis e blocos de betão armado, que não sofrem grandes cargas, utiliza-se o betão M200 - M250, e para as estruturas pré-esforçadas utiliza-se a argamassa de betão com uma classificação não inferior a M300. O betão M200 é utilizado para a construção de lajes ferroviárias e para a betonagem de pavimentos. O betão com a marca M550 é considerado o mais durável. O betão é classificado em classes de resistência à compressão de B1 a B22. Ambos os sistemas foram concebidos para ter em conta o mesmo aspeto. Mas há uma diferença: a classe de betão (B) indica o valor garantido, enquanto a classe de betão (M) indica o valor médio da resistência à compressão. O valor da densidade garantida significa que o betão tem uma resistência de, pelo menos, a resistência indicada. Embora seja mais comum classificar o betão por classe (M), o valor da resistência garantida (B) é especificado nos documentos de projeto.

1.2. MATERIAIS PARA BETÃO NORMAL (PESADO)

Cimento Portland. Os betões mais fortes são produzidos com cimentos de maior atividade. Os graus de cimento Portland 200, 300, 400 são utilizados para a preparação do betão. Números de resistência média à compressão em kg/cm2). O cimento Portland é um pó fino moído de cor verde-acinzentada. As variedades de cimento Portland são utilizadas para betão com diferentes propriedades e finalidades: branco (ou colorido com base no branco), de endurecimento rápido, hidrofóbico, de construção; resistente a sulfatos, plastificado, pozolânico e cimento Portland de escória. O endurecimento do cimento, por norma, não ocorre antes de 45 minutos e termina, o mais tardar, 24 horas após a mistura com água. O endurecimento total e o aumento da resistência ocorrem normalmente no prazo de 28 dias.

O tipo de cimento deve ser selecionado de acordo com a finalidade das estruturas e as suas condições de funcionamento, a classe (graus) de betão exigida e o valor da tensão de cedência do betão para estruturas pré-fabricadas. O consumo de cimento no betão será racional se for observada a relação entre as classes de cimento e a resistência do betão (ver

Quadro 1). A atividade do cimento diminui quando este é armazenado em armazéns. Assim, diminui 20 por cento após 3 meses e 40 por cento após 6 meses. Os cimentos de endurecimento rápido tornam-se cimentos normais após duas semanas. Para eliminar este fenómeno, o tempo de mistura da mistura de betão deve ser aumentado duas a quatro vezes e devem ser utilizados aditivos aceleradores do endurecimento do cimento.

Quadro 1 Relação entre o grau do cimento e a resistência.

Grau de betão	M100	M150	M200	M300	M400	M500	M600
Classe de betão	B 7.5	B10	B15	B25	B30	B40	B50
Grau de cimento	300	300	400	400	500	550-600	600

Quando esta relação diminui, o consumo de cimento aumenta, desenvolvem-se deformações por retração e a resistência do betão à fendilhação diminui; quando esta relação aumenta devido a um teor insuficiente de cimento, observa-se a delaminação da mistura de betão e a densidade do betão diminui.

A areia, que pode ser natural ou artificial, é utilizada *como agregado fino* no betão pesado.

A areia natural é uma mistura solta de grãos com um tamanho de grão de 0,14 a 5 mm, obtida como resultado da destruição natural (meteorização) de rochas rochosas.

A areia artificial é obtida através da trituração de rochas duras ou de alguns subprodutos industriais, como as escórias metalúrgicas. A forma dos grãos das areias trituradas é nítida e a superfície é rugosa. Estas areias não contêm as impurezas nocivas que se encontram frequentemente nas areias naturais. A areia para betão deve ser composta por grãos de diferentes tamanhos, de modo a minimizar os vazios entre os grãos; quanto menor for o volume de vazios na areia, menos cimento é necessário para produzir um betão denso. A determinação da composição granulométrica da areia é apresentada na secção prática. Consoante a composição granulométrica, a areia distingue-se como grossa, grossa, média, fina e muito fina (Quadro 2). Para garantir a qualidade da composição granulométrica da areia na composição da mistura de betão, utiliza-se areia fraccionada, composta por duas fracções: grossa e fina, doseadas separadamente na preparação da mistura de betão. A utilização como agregados finos de areias britadas provenientes das areias e as suas misturas com areias naturais é permitida desde que a trabalhabilidade especificada da mistura de betão sem consumo excessivo de cimento. A densidade aparente da areia de sílica depende do grau de compactação, do teor de humidade e da oclusão. A areia de quartzo seca e pouco compactada tem uma densidade aparente de 1500 - 1600kg/m^3. A densidade aparente mais baixa da areia de quartzo corresponde a um teor de humidade de 5 a 7%. Ao dosear a areia para a produção de betão ou ao aceitar areia, é necessário ter em conta o seu teor de água. Para determinar a composição granulométrica da areia, utiliza-se um conjunto normalizado de peneiras com orifícios (mm): 10; 5; 1,25; 0,63; 0,315 e 0,14, através das quais se peneira um peso de areia igual a 1 kg. Determinar primeiro os resíduos parciais em percentagem em cada peneiro (a2,5; a1,25; a0,63, etc.) e depois os resíduos totais (A2,5; A 1,25; A0,63, etc.). O resíduo total de um peneiro é igual à soma dos resíduos parciais desse peneiro e de todos os peneiros situados acima dele. Por exemplo, A0,63 = a0,63 + a0,125 + a2,5. E os valores dos resíduos totais são uma caraterística da composição granulométrica da areia. Com base nos resultados da análise granulométrica da areia, o módulo de granulometria M_{kr} pode ser calculado através da fórmula:

$$M_{kr} = (A2.5 + A1.25 + A0.63 + A0.315 + A0.14) / 100$$

Quadro 2

Composição granulométrica da areia

Grupo de areia	Resíduo total no peneiro com orifícios de 0,63 mm, % em massa	Módulo de elasticidade grosseiro, m_{kr}
mais grosseiro	mais de 65 a 75 anos	Mais de 3,0 a 3,5
Grande	mais de 45 a 65 anos	Mais de 2,5 a 3,0
Médio	mais de 30 a 50	Mais de 2,0 a 2,5
Raso	mais de 10 a 30	Mais de 1,5 a 2,0
Muito pouco profundo	até 10	Mais de 1,0 a 1,5

A gravilha ou pedra britada é utilizada *como agregado grosso* para betão pesado.

A pedra britada distingue-se da gravilha pela sua forma angulosa e pela rugosidade dos grãos, o que faz com que a sua aderência à argamassa de cimento e areia seja melhor do que a da gravilha. A pedra *britada* é obtida através da trituração de rochas maciças, cascalho, pedregulhos ou pedras artificiais.

A pedra britada de escória é obtida através da trituração de escórias produzidas no processo de fundição de metais em alto-forno (escória de alto-forno) ou durante a combustão de combustíveis minerais (escória de combustível). As escórias devem ter uma estrutura cristalina e não apresentar sinais de decomposição. A decomposição da escória é o resultado da transição de um composto de escória para outro sob a ação dos gases contidos no ar e da humidade. Em termos de propriedades físicas e mecânicas, a pedra britada de escória deve satisfazer os mesmos requisitos que a pedra britada de pedra natural. *A resistência ao gelo da gravilha e da pedra britada* é determinada por congelação e descongelação alternadas em estado saturado de água, bem como por um método acelerado - congelação em solução de sulfato de sódio. De acordo com o grau de resistência ao gelo, a gravilha e a pedra britada são divididas em classes: F15, 25, 50, 100, 150, 200 e 300.

Os materiais de enchimento são armazenados em áreas abertas especialmente designadas ou em armazéns equipados com cavaletes, galerias subterrâneas, em pilhas separadas por tipos e fracções. No processo de transporte, descarga e armazenamento, é necessário garantir que não haja mistura de agregados de diferentes tipos, bem como a sua contaminação com impurezas estranhas. No inverno, é necessário prever medidas para soltar os agregados congelados, bem como para o seu descongelamento e aquecimento.

Na tecnologia do betão, a água é utilizada para preparar misturas de betão e argamassa, para regar o betão durante a cura e para lavar os agregados. Em todos os casos, não pode ser utilizada qualquer água, mas apenas a que cumpre as especificações técnicas. A qualidade da água é avaliada pelo teor de impurezas nocivas que podem impedir a presa e o endurecimento normal do ligante ou provocar o aparecimento de novas formações na estrutura do betão, reduzindo a resistência e a durabilidade do betão. Assim, para a mistura e rega do betão endurecido pode ser utilizada, sem inspeção prévia, água potável, bem como água de rios, lagos ou reservatórios artificiais, não contaminada com esgotos, sais e óleos. Com o desenvolvimento da tecnologia de produção de betão, vários tipos de aditivos que melhoram as propriedades da mistura de betão e aumentam a qualidade do betão estão a tornar-se cada vez mais difundidos.

Aditivos para betão. Com o desenvolvimento da tecnologia de produção de betão, vários tipos de aditivos que melhoram as propriedades da mistura de betão e aumentam a qualidade do betão estão cada vez mais difundidos.

Os aditivos plastificantes são aditivos que aumentam a mobilidade (ou reduzem a rigidez) das misturas de betão sem reduzir a resistência do betão. Os aditivos plastificantes são substâncias activas de superfície. De acordo com a natureza da ação, distinguem-se os aditivos hidrofílico-plasticantes e hidrofóbicos-plasticantes. Entre os aditivos hidrofílico-plasticantes, o mais frequentemente utilizado é o LOT (antiga designação SDB). A sua composição química é um sal de cálcio do ácido lignosulfónico com uma mistura de substâncias minerais. É normalmente fornecido na forma líquida com um teor de matéria seca de cerca de 50% ou na forma sólida com um teor de matéria seca de 80%. Para a plastificação de misturas de betão e argamassa, é introduzido em pequenas quantidades: 0,1-0,5% do peso do cimento. Consumo do aditivo: 0,5-1 $kg/m^{(3)\ de}$ mistura de betão.

Os aditivos hidrofóbico-plasticantes incluem o soaponaft (sal de sódio dos ácidos nafténicos), o asidolmilonaft, os líquidos hidrofóbicos de organossilício GKZh-10 e GKZh-11. Recomenda-se a utilização destes aditivos em betão magro e argamassas caracterizadas por um baixo consumo de cimento. Após a colocação e o endurecimento do betão, estes aditivos, ao precipitarem nos poros, conferem ao betão propriedades hidrófobas (hidrofobizam o betão). Como resultado, a absorção de água do betão é grandemente reduzida, ao mesmo tempo que a resistência ao gelo e a resistência à corrosão do betão aumentam. A utilização de tais aditivos é uma forma eficaz de aumentar a durabilidade do betão e das estruturas de betão armado.

Aditivos que regulam a presa das misturas de betão e a cura do betão: aceleradores ou retardadores de presa, aceleradores de cura, anticongelantes.

Na prática, são mais frequentemente utilizados os seguintes aceleradores de endurecimento do betão: cloreto de cálcio (CC), sulfato de sódio (SN), nitrato de cálcio (CN) e nitrato de sódio (SN), bem como aditivos multicomponentes: nitrito-nitrato de cálcio (CNN), nitrito-nitrato-cloreto de cálcio (CNNC).

Entre os retardadores de presa, é preferível utilizar aditivos que reduzam o consumo de água e de cimento, bem como a plastificação das misturas de betão e da argamassa. As substâncias orgânicas (LST) e os líquidos de organossilício GKZh-10 e GKZh-11 dão bons resultados neste domínio. Além disso, utilizar aditivos de gesso de água dupla, solução fraca de ácido sulfúrico. A concentração de aditivos varia de 0,2 a 2% e é estabelecida em laboratório.

Os aditivos anticongelantes são utilizados para permitir que o betão endureça no inverno. Com temperaturas negativas, a água congela e a hidratação do cimento pára. O gelo formado solta a estrutura ainda fraca da pedra de cimento, o que provoca uma grande perda de resistência no betão. Para garantir o endurecimento do betão no frio, introduza na mistura de betão substâncias que reduzam o ponto de congelação da água. A água permanece no estado líquido mesmo a -15...-20°C, e o processo de hidratação do cimento continua. Os seguintes sais são utilizados como aditivos anticongelantes: cloreto de sódio em combinação com cloreto de cálcio, nitrito de sódio, composto complexo de nitrato de cálcio com ureia.

Os aditivos que reduzem o consumo de cimento são os pós minerais, subprodutos industriais: cinzas pulverizadas de centrais térmicas, alto-forno e escórias de combustível em pó fino.

Instruções metodológicas para a aula. É necessário definir em que sinais se classificam os betões, notar a diferença dos betões em agregado grosso na densidade média, conhecer os requisitos para a areia, água, e também prestar atenção às condições existentes de endurecimento do betão.

Perguntas para testar os conhecimentos teóricos.

1. Como se classificam os betões?
2. Que betões se diferenciam pela densidade média?
3. Que ligantes minerais inorgânicos podem ser utilizados para preparar misturas de betão?
4. Que agregados são utilizados para fazer betão?
5. Quais são os requisitos para o agregado grosso?
6. Quais são os requisitos para a areia utilizada no betão?
7. Em que grupos é que as areias se dividem por tamanho de grão?
8. Que tipo de água é utilizada na preparação da mistura de betão? Requisitos da água para o betão.
9. Quais são os aditivos que aumentam a mobilidade (ou reduzem a rigidez) das misturas de betão sem reduzir a resistência do betão?
10. Que aditivos anticongelantes são utilizados?
11. Quais são alguns aceleradores de cura do betão?

CAPÍTULO 2. PROPRIEDADES BÁSICAS DA MISTURA DE BETÃO E DO BETÃO

Objetivo: estudar as propriedades de base do betão ordinário (pesado) que caracterizam a qualidade do betão endurecido.

O betão endurecido é um tipo de material composto (conglomerado), uma vez que inclui componentes obviamente heterogéneos - grãos agregados unidos por pedra de cimento. Por conseguinte, as propriedades mais importantes que determinam a qualidade da pedra de cimento são a resistência e a aderência, ou seja, a capacidade de se ligar aos grãos agregados.

Plasticidade e mobilidade da mistura de betão. A formabilidade da mistura de betão é determinada por dois indicadores - plasticidade e mobilidade. *A plasticidade* caracteriza a coesão interna da mistura de betão, a sua capacidade de ser moldada, adquirindo uma determinada forma sem quebras e delaminação em componentes separados.

A *mobilidade da mistura de betão* é avaliada pela sua capacidade de se espalhar sob o seu próprio peso ou sob vibração. Para determinar a mobilidade, é utilizado um cone (Fig. 1), que é preenchido com a mistura de betão. A mobilidade da mistura de betão é determinada pelo tamanho do abatimento (em *cm) de* um cone de betão padrão (cone truncado com uma altura de 30 *cm, o* diâmetro da base inferior é de 20 cm e a base superior é de 10 cm). A rigidez é determinada pelo método simplificado do Professor B.G. Skramtaev ou com a ajuda de um ***viscosímetro*** técnico e é expressa como o tempo por segundo necessário para transformar o cone da mistura de betão num prisma ou cilindro de igual dimensão. Após a compactação deste último, o molde é retirado. O cone da mistura de betão formado durante este processo assenta sob a influência da sua própria massa.

O valor do assentamento do cone (cm) serve como medida da mobilidade da mistura de betão. De acordo com este indicador, as misturas distinguem-se da seguinte forma: moldáveis - com um abatimento do cone superior a 12 cm, móveis: 4 - 12 cm, de baixa mobilidade: 2 - 4 cm, rígidas e extra rígidas: 0 cm.

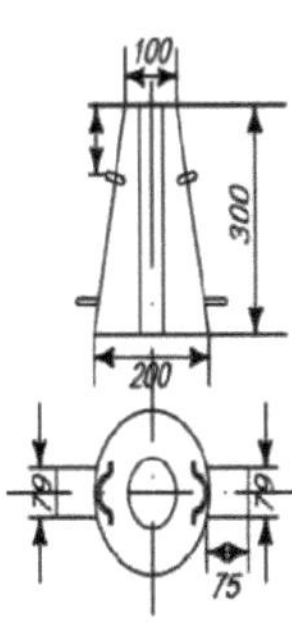

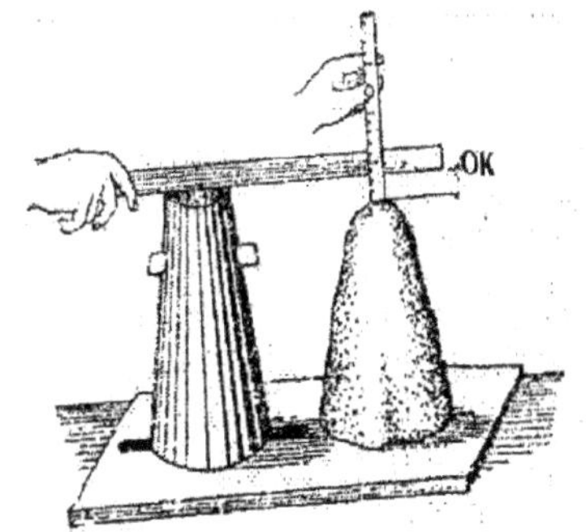

Figura 1. Cone padrão para determinar a mobilidade de uma mistura de betão

Estes ensaios são realizados numa plataforma vibratória normalizada de laboratório com um interrutor automático, que também é utilizada na produção de amostras de controlo. A escolha da mistura de betão pelo seu grau de mobilidade ou rigidez é feita em função do tipo de estrutura a betonar, dos métodos de transporte e da colocação do betão.

A expressividade plástica das estruturas e esculturas feitas de betão é reforçada pela sua superfície porosa e absorvente de luz, e a rica gradação de propriedades decorativas do B. é utilizada na decoração de interiores e na arte decorativa.

A resistência do betão é a propriedade mais importante do *betão*. Os principais indicadores de qualidade do betão pesado são a resistência à compressão e à tração, a resistência ao gelo e a resistência à água. A resistência do betão na idade de projeto é caracterizada por classes de resistência à compressão e à tração axial. Uma caraterística distintiva das obras de betão é a considerável heterogeneidade do betão produzido. Quanto mais elevada for a cultura de construção, quanto melhor for a qualidade da preparação e colocação do betão na estrutura, menores serão as flutuações de resistência. Por conseguinte, é importante não só obter um betão com uma determinada resistência média, mas também assegurá-la ao longo de todo o volume das estruturas fabricadas.

A *classe de betão* é um indicador que tem em conta possíveis variações de qualidade. A classe de betão é uma caraterística numérica de uma propriedade do betão, que é considerada com uma segurança garantida (normalmente 0,95). Isto significa que a propriedade especificada pela classe, por exemplo, a resistência do betão, é alcançada em pelo menos 95 de 100 casos. O conceito de **"classe de betão"** permite que a resistência seja atribuída tendo em conta a sua variação real ou possível. De acordo com o GOST, são estabelecidas as seguintes classes de betão pesado em termos de resistência à compressão:

B3,5; B5; B7,5; B10; B12,5; B15; B20; B25; B30; B35; B40; B40; B45; B50; B55; B60; B65; B70; B75 e B80. A classe de betão em resistência à compressão é indicada pela letra latina B, à direita da qual é atribuída a sua resistência última em MPa. Por exemplo, o betão da classe B15 tem uma resistência à compressão não inferior a 15 MPa com uma segurança garantida de 0,95. Quando necessário, as classes de betão são também estabelecidas para a resistência à tração axial, indicada pelo índice B_t, e para a resistência à tração por flexão - B_{tb}.

O betão tem um desempenho muito pior em tração do que em compressão: a resistência à tração é 10...20 vezes inferior à resistência à compressão. Para aumentar a capacidade de carga, especialmente em flexão e tração, o betão é combinado com armaduras de aço para produzir estruturas de betão armado.

O grau do betão é uma caraterística numérica de uma propriedade *do betão*, calculada como a média dos resultados dos ensaios das amostras. Ao determinar os graus de resistência, resistência ao gelo e resistência à água, é adotado o valor limite inferior das propriedades, enquanto o grau de densidade média é determinado pelo valor limite superior. Ao contrário da classe, o grau do betão não tem em conta as flutuações de resistência ao longo de todo o volume da estrutura betonada.

O grau de resistência à compressão é a caraterística mais comum do betão. *O grau é determinado através de* ensaios de compressão axial de amostras de cubos de betão com dimensões de 15x15x15 cm à idade de projeto estabelecida (normalmente 28 dias). A resistência à compressão obtida durante o ensaio como a média aritmética das duas maiores (numa série de três amostras), expressa em kgf/cm^2, é uma caraterística numérica do grau.

São estabelecidas as seguintes classes de betão pesado por resistência à compressão: M50; M75; M100; M150; M200; M250, MZOO; M350; M400; M450; M500; M550; M600; M700; M800; M900 e M1000. O índice "M" é utilizado na designação. Por exemplo, o grau de betão M200 significa que a sua resistência à compressão não é inferior a 200 kgf/cm^2. A relação entre classes e graus de betão é ambígua e depende da homogeneidade do betão, avaliada pelo *coeficiente de variação.* Quanto menor for o coeficiente de variação, mais homogéneo é o betão. A classe de betão do mesmo grau aumenta significativamente se o coeficiente de variação for reduzido. Por exemplo, com um grau de resistência à compressão de M300 e um coeficiente de variação de 18%, obtém-se um betão da classe B15, e com um coeficiente de variação de 5% - classe B20, ou seja, um degrau acima.

O betão de cimento Portland ganha resistência gradualmente. A uma temperatura normal e com um teor de humidade constante, o crescimento da resistência do betão continua durante muito tempo, mas a taxa de ganho de resistência diminui com o tempo.

Quadro 3

Relação entre graus e classes de betão pesado em termos de resistência à compressão

Classe de betão	Grau de betão	Classe de betão	Grau de betão
B3.5	M50	B35	M450
B5	M75	B40	M500
B7.5	M100	B45	M600
B10	M150	B50	M700
B12.5	M150	B55	M700
B15	M200	B60	M800
B20	M250	B65	M900
B25	M350	B70	M900
B30	M400	B75	M1000
		B80	M1000

Existem correlações entre a classe e a sua força média para um fator de dotação de 1 = 0,95:

$$B = I\text{-}0{,}778 \text{ ou } K = B / 0{,}778$$

Na conceção de estruturas, a classe de betão é mais frequentemente atribuída e, em alguns casos, é atribuída a classe de betão. A relação entre as classes e os graus do betão pesado em termos de resistência à compressão é apresentada no Quadro 3.

A resistência do betão depende da relação B/C. À medida que B/C diminui, a resistência aumenta, e à medida que B/C aumenta, diminui. Para obter uma mistura de betão trabalhável, normalmente introduz-se 40-70% de água (B/C=0,4...0,7) O excesso de água forma poros no betão, que reduzem a sua resistência.

Para B/C de 0,4 a 0,7 (C/V=2,5...1,43) entre a resistência do betão R_b (MPa), a atividade do cimento $R_{(ts)}$ (MPa) e C/V existe uma relação linear expressa pela fórmula:

$$R_b = LR_{(ts)} (Ts/B - 0{,}5) \quad (1)$$

A B/C < 0,4 (C/v > 2,5) a dependência linear é quebrada. No entanto, em cálculos práticos, é utilizada outra dependência linear:

$$R_b = L1\ R_{(ts)} - (Ts/B + 0{,}5) \quad (2)$$

O erro de cálculo, neste caso, não excede 2 a 4 %.

A, A_1 - coeficientes que têm em conta a qualidade dos materiais. Para materiais de alta qualidade A=0,65, A1=0,43, para materiais comuns - A=0,50, A_1=0,4; para materiais de baixa qualidade - A=0,55, A_1=0,37.

No betão endurecido, os poros são formados pela água que não se hidratou com o cimento e que foi introduzida para tornar a mistura de betão trabalhável. A porosidade P (%) é determinada pela fórmula:

$$P = [(B - \omega C) / 100] \times 100 \quad (3)$$

em que B e C são os teores de água e de cimento, kg/m^3;

ω - água quimicamente ligada, a sua quantidade é considerada como 0,2.

A redução da porosidade e, consequentemente, o aumento da densidade do betão podem ser reduzidos através da diminuição da relação B/C, da utilização de alumina, da expansão e pozolana com pedra de cimento mais densa, da compactação de qualidade da mistura de betão, da criação de condições favoráveis de temperatura e humidade de cura. A densidade do betão determina a sua força, resistência à água e durabilidade.

A permeabilidade do betão à água é a capacidade do *betão* de não permitir a passagem de água sob pressão. É importante para estruturas hidráulicas e tanques de armazenamento de água. De acordo com o grau de resistência à água, o betão divide-se nas classes W2, W4, W6, [1]#8, W10, W12, W14, W16, W18 e [1]#20. Os números 2-20 indicam a pressão em kgf/cm^2 à qual os provetes de betão normalizados com um diâmetro e uma altura de 15 cm não deixam passar a água.

A resistência ao gelo é a capacidade do betão saturado de água de manter a sua força e não colapsar sob congelamento e descongelamento alternados. A causa da destruição é a propriedade da água na transição para o gelo de aumentar o seu volume em mais de 9% e criar pressão interna nas paredes dos poros. De acordo com a resistência ao gelo, o betão divide-se nos graus T50, T75, P100, P150, T200, T300, T400, 500, T600, T800 e T1000. O grau é atribuído em função do tipo de estruturas e das suas condições de funcionamento. O betão pesado, em função do grau de resistência ao gelo, é dividido em classes de T50 a T700. Para a preparação do betão resistente ao gelo, recomenda-se a utilização de cimento Portland e das suas variedades: plastificado, hidrofóbico, de endurecimento rápido e resistente aos sulfatos. A quantidade admissível de aluminato tricálcico C_3 A no clínquer para o cimento Portland, dependendo do tipo de betão para resistência ao gelo, deve ser de %: para betão de grau B300 e superior - não mais de 5%, para B200 - não mais de 7%, para P100 - não mais de 10%. Não se recomenda a adição de aditivos minerais activos ao cimento, que aumentam a necessidade de água do ligante no betão. A fim de reduzir o consumo de água da mistura de betão e reduzir a proporção de microporos no betão, devem ser utilizados aditivos de substâncias tensioactivas com efeito de retenção de ar, de formação de microgases, de hidrofobização ou de plastificação da mistura de betão. Para estruturas hidráulicas com resistência ao gelo normalizada B200 e superior, o volume de ar envolvido com uma dimensão máxima de agregado de 20 mm e B/C = 0,41 ... 0,5 deve ser de 2 ... 4 %. O betão resistente ao gelo pode ser obtido através de uma dosagem exacta dos materiais constituintes, de uma mistura cuidadosa, da compactação e de uma manutenção adequada do betão de cura. Deve ter-se o cuidado de garantir que não ocorrem processos destrutivos durante o tratamento térmico do betão devido à expansão térmica dos constituintes, da água e do ar no betão acabado de colocar. No fabrico de betão e de estruturas de betão armado com maior resistência ao gelo (P200), são preferíveis condições naturais a uma temperatura positiva e a manutenção do seu estado de humidade durante 10 dias ao mesmo tempo para a cura do betão.

Contração e expansão. Ao curar ao ar, o betão (a menos que seja baseado em cimentos sem retração ou expansivos) encolhe e, ao curar em condições de humidade, pode inchar ligeiramente. A retração do betão pesado é normalmente de cerca de 0,15 mm por 1 m de comprimento da estrutura de betão, o que pode causar fissuras em estruturas maciças e de maiores dimensões. Ao betonar estruturas maciças durante o primeiro período de cura, o betão pode expandir-se devido ao calor gerado pela interação do cimento e da água. Para reduzir a geração de calor do betão, é necessário utilizar cimentos com baixa exotermia, bem como organizar juntas de temperatura. Confirma-se que os betões com ligantes hidráulicos (exceto os betões com cimentos expansivos e sem retração) encolhem durante a cura ao ar e diminuem de volume. Durante a cura em água, o volume do betão aumenta ligeiramente no início, ocorre o inchaço e depois a contração durante a cura ao ar. A humidade e a secagem alternadas do betão resultam em inchamento e retração alternados, sendo a tensão de inchamento muito menor do que a tensão de retração. Estes processos são observados como resultado de alterações volumétricas na pedra de cimento. A retração tem um carácter amortecedor. É mais significativa durante o primeiro dia de cura. A retração total do betão com cimento Portland normal é de 0,3-0,5 mm por 1 m de comprimento. Aumenta com o aumento do consumo de cimento, a finura da moagem, a utilização de cimentos de belite e os agregados reduzem a retração do betão. As deformações por retração provocam fissuras no betão e reduzem a sua durabilidade. A humidificação e a secagem alternadas afrouxam a estrutura do betão.

A fluência do betão manifesta-se pela ocorrência de deformações residuais sob exposição prolongada a uma carga constante. Ocorre como resultado da ocorrência e desenvolvimento de microfissuras e das propriedades plásticas do gel de cimento. A fluência causa o relaxamento das tensões, que se igualam em áreas não uniformemente carregadas (esta é uma ação positiva). Nas estruturas pré-esforçadas, há uma perda de tensão da armadura. É aqui que a ação negativa da fluência se manifesta. A fluência do betão diminui após alguns anos de funcionamento das estruturas.

A condutividade térmica do betão pesado é de 1,28-1,74 W/(m-^{0}C). Aumenta com o aumento da densidade média e do teor de humidade do betão.

A resistência ao fogo é a propriedade do betão de reter temperaturas elevadas durante uma exposição de curta duração ao fogo. Depende do tipo de materiais utilizados. A destruição do cimento Portland ocorre a uma temperatura de 500-550^{0}C como resultado da decomposição do hidróxido de cálcio de acordo com o seguinte esquema

$$Ca\ (OH)_{(2)} = Ca + H_2O.$$

Já o aquecimento a temperaturas entre 100 e 2500C reduz a resistência do betão de cimento Portland em 25%. E, no entanto, o betão é um material resistente ao fogo. A sua taxa de aquecimento é baixa. Tem baixa condutividade térmica e grande parte do calor é gasto na evaporação da água quimicamente ligada libertada durante a destruição da pedra de cimento. Resiste bem a altas temperaturas de curta duração. Se a estrutura for exposta a temperaturas elevadas durante um longo período de tempo, deve ser utilizado betão resistente ao calor. O betão é um material resistente ao fogo. No entanto, a exposição prolongada a temperaturas entre 160 e 200°C reduz a resistência do betão em 25-30%. Quando aquecido acima de 500°C, o betão é destruído. As estruturas expostas a temperaturas superiores a 200°C devem ser protegidas com materiais de isolamento térmico ou feitas de betão resistente ao calor.

Instruções metodológicas para a aula. É necessário prestar atenção aos factores que afectam a resistência do betão. Conhecer a diferença entre a classe (B) e o grau (M) do betão e as propriedades básicas do betão: resistência, plasticidade e mobilidade, resistência à água, resistência ao gelo, condutividade térmica, resistência ao fogo.

Perguntas para testar os conhecimentos teóricos da aula

1. Que factores afectam a resistência do betão?
2. Qual é a diferença entre classe e grau de betão?
3. Como é determinada a resistência do betão?
4. O que é a aula de betão?
5. O que é uma marca?
6. Dar uma definição das propriedades básicas do betão.

CAPÍTULO 3. CÁLCULO DOS CUSTOS DOS MATERIAIS PARA 1m³ DE MISTURA DE BETÃO

Objetivo: Determinar o consumo de materiais (cimento Portland, água, areia, pedra britada ou brita) por $1m^3$ de mistura de betão.

A quantidade de ingredientes utilizados é sempre superior ao volume do produto total. Quando são colocadas armaduras, apenas devem ser utilizadas classes de betão de alta qualidade. Naturalmente, o consumo de material aumentará neste caso. Para calcular o consumo de material de um volume específico de betão, é necessário ter em conta o peso exato da argamassa de cimento. O consumo de pedra britada é aceitável com um erro de 5 kg. Este cálculo é necessário para determinar com maior precisão o fator de resistência do material. Desta forma, determina-se a sua futura rigidez e fluidez. É bem conhecido na prática que a resistência do betão depende da quantidade de argamassa de cimento utilizada. Quanto menos cimento for utilizado, mais forte se torna o betão. Antes de calcular o volume necessário, é necessário descobrir qual a marca de cimento mais adequada para o objeto em questão. Para que o consumo seja mais económico, é necessário que o grau do cimento seja superior ao grau do betão. Com um grau inferior, o custo da argamassa de betão à saída será muito elevado. É de notar que o consumo de material neste caso será muito elevado.

A composição de uma mistura de betão é expressa como uma relação em peso (menos frequentemente em volume - menos precisa) entre as quantidades de cimento, areia e pedra britada (ou cascalho), com uma indicação da relação água-cimento. A quantidade de cimento é considerada como uma unidade. Assim, em termos gerais, a composição da mistura de betão é expressa pela relação cimento) : P(pe_{OOC}): $_{SQ(brita)}$)). : P(pedra britada), por exemplo 1:2,4:4,5 a B/C=0,45. Existem duas composições de betão: nominal (laboratório) para materiais secos e de produção (campo) para materiais com humidade natural.

O cálculo da composição do betão é efectuado pela seguinte ordem: determinar a relação água-cimento, fornecendo o betão de uma determinada resistência e consumo de água; calcular o consumo necessário de cimento e, em seguida, pedra britada (ou cascalho) e areia; verificar a mobilidade (rigidez) da mistura de betão em caso de desvio destes indicadores do projeto; preparar amostras para determinar a resistência e testar num determinado tempo; recalcular a composição nominal da mistura de betão na produção. A metodologia de cálculo da composição do betão será abordada nas aulas práticas.

Para muitas pessoas que constroem uma casa por conta própria, é muito importante saber qual será o consumo de materiais por $1m^3$ de betão. Antes de calcular o volume necessário, é necessário descobrir qual o tipo de cimento mais adequado para este objeto. Para que o consumo seja mais económico, é necessário que o grau do cimento seja superior ao grau do betão. Se o grau for inferior, o custo da argamassa de betão será muito elevado.

O consumo de material de construção por $1m^3$ de betão pronto de qualidade pode variar em função da natureza da estrutura. Por exemplo, os elementos de construção complexos, como as lajes de capital, requerem uma composição diferente (1 parte de cimento e 2 partes de areia). Para estruturas que não serão sujeitas a cargas pesadas (pavimentos, passadeiras), a mistura é preparada à razão de uma medida de cimento para cinco medidas de areia. A quantidade de pedra britada deve atingir 70% do volume total do material obtido.

Em primeiro lugar, é necessário decidir qual o melhor tipo de cimento a utilizar em cada projeto individual. Para garantir um consumo económico, recomenda-se a escolha de um grau de cimento que exceda o grau do futuro betão. Caso contrário, o preço da mistura de construção à saída será significativamente sobrestimado e o material será de baixa qualidade. Se não for necessária uma resistência especial, a mistura é adicionada:

- areia;
- farinha de pedra.

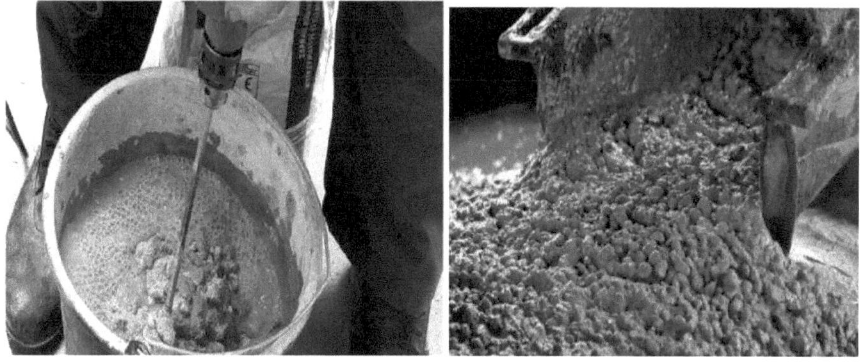

A relação água/cimento para uma argamassa de qualidade é determinada pelo seu grau e pelo tempo de cura da betonilha. O concreto mais durável na construção privada é o M500, e a proporção de cimento para areia é de 1:3. Para obter uma solução de alta qualidade, é necessário observar rigorosamente as normas de consumo de materiais necessários para a fabricação de 1 m (3) de concreto. Mais pormenores sobre eles serão apresentados abaixo. Se houver um erro significativo com uma quantidade insuficiente de cimento, a ligação entre os ingredientes será quebrada, pelo que, sob carga, a estrutura entrará em colapso muito rapidamente. Pode ser danificada mesmo quando exposta a condições climatéricas adversas ou a um clima agressivo.

O cálculo dos materiais para a preparação de 1 m3 de betão depende diretamente do seu grau, cuja escolha, por sua vez, é determinada pelo destino. Na construção individual de pequenos edifícios, o betão M200 é mais frequentemente utilizado, caracterizado por uma boa resistência à compressão. Para criar uma mistura de alta qualidade de M200, precisamos de cimento da marca M400. Esta solução é vertida:

- fundações;
- dos terrenos;
- caminhos de jardins e parques;
- escadas;
- almofadas de betão.

Os construtores experientes aconselham a preparação de uma pequena quantidade de betão em casa, a fim de descobrir experimentalmente a densidade necessária. Para além disso, a particularidade dos materiais de argamassa é o facto de endurecerem muito rapidamente, pelo que um grande volume da mistura pode simplesmente não ter tempo para funcionar. Para evitar a formação de vazios tecnológicos nos elementos de construção acabados após a cura, devem ser utilizadas gravilhas de diferentes calibres.

As tabelas abaixo mostram o consumo de cada material por $1m^3$ de betão, dependendo do tipo de betão:

cimento (Quadro 4),

água (Quadro 5):

areia e pedra britada (Quadro 6).

Quadro 4

Consumo de cimento

Tipo de construção	Grau de betão	Grau de cimento	Consumo, kg
Produtos simples	M100	300/400	225
Produtos de betão armado	M150 - M300	300 - 600	265 - 380
Secções reforçadas	M400/M500	600	480 - 530

Certificar-se de que a água da betonilha está limpa e isenta de matérias estranhas (lodo, algas, sujidade). A quantidade de água depende do índice de plasticidade do betão e da sua resistência após o endurecimento. Lembre-se que é muito mais fácil adicionar água do que componentes a granel, por isso, deite o líquido gradualmente. Quanto menor for o tamanho dos ingredientes da argamassa, maior será o consumo de água em cada cubo da mistura. O betão rígido é fácil de identificar pelo seu aspeto. Para isso, coloca-se uma pequena quantidade de massa viscosa na pá, que não deve espalhar-se na superfície.

Quadro 5

Consumo de água

Grau de betão	Grau de cimento	Rácio B/C
100	200, 250, 300	0.68, 0.75, 0.8
150	200, 250, 300, 400, 500, 600	0.5, 0.57, 0.66, 0.7, 0.72. 0.75
200	200, 250, 300, 400, 500, 600	0.35, 0.43, 0.53, 0.58, 0.64, 0.66
250	200, 250, 300, 400, 500, 600	0.25, 0.36, 0.42, 049, 0.56, 0.6
300	250, 300, 400, 500, 600	0.28, 0.35, 0.42, 0.49 0.54
400	400, 500, 600	0.33, 0.38, 0.46

É agora possível determinar a quantidade de areia e de pedra britada por m^3 de argamassa de diferentes qualidades. Para o fazer, os volumes de água e de cimento devem ser subtraídos a um cubo. A soma final determinará a proporção de areia e agregados. É de notar que a proporção dos ingredientes é afetada pela grossura da areia, o que é necessariamente tido em conta quando se mistura uma argamassa de qualidade.

Quadro 6

Consumo de pedra britada e areia

Pedra britada, mm	Areia, %	Água, ml/m^3
10	56	230

15	52	220
20	49	200
25	46	195
40	41	185
50	39	177
70	35	167

O tamanho normal dos grãos de areia na argamassa é de 3,5 mm. Para além disso, a areia não deve conter impurezas de argila, que podem fazer com que a mistura perca a sua força. Agora sabemos a que prestar atenção em primeiro lugar para obter um produto de qualidade que satisfaça todos os requisitos da construção moderna.

Instruções metodológicas para a aula. É necessário conhecer a sequência de cálculo da mistura de betão através de relações entre as quantidades de cimento, areia, pedra britada ou brita, em peso.

Perguntas para testar os conhecimentos teóricos da aula

1. Qual é a ordem em que a composição do betão é calculada?
2. Como é determinado o caudal de água?
3. Qual é a fórmula utilizada para determinar o consumo de cimento?
4. Como é determinado o consumo de agregados grosseiros?
5. Qual é a fórmula utilizada para determinar o consumo de agregado fino?

CAPÍTULO 4. PARTICULARIDADES DA BETONAGEM NO INVERNO

Objetivo: Formar o aluno nas técnicas de betonagem de inverno.

A betonagem no inverno está associada a certas particularidades. Deve entender-se que a taxa de endurecimento do betão a temperaturas negativas é significativamente reduzida, pelo que antes de diluir os aditivos e a água para a futura argamassa deve ser aquecida.

A temperatura da água e dos componentes do betão no momento do carregamento na misturadora deve ser tal que assegure a obtenção do regime de temperatura especificado quando a argamassa resultante sai da misturadora.

Quando a temperatura do betão desce abaixo de +5^{0}C, o seu endurecimento e ganho de resistência abrandam acentuadamente e, a uma temperatura igual ao ponto de congelação, praticamente param. A temperaturas negativas, a água no betão acabado de colocar também pode congelar. Simultaneamente, não só o endurecimento do betão pára, como também a fraca estrutura do betão pode começar a desfazer-se sob a influência do gelo. Após o descongelamento e a cura posterior, esse betão terá uma resistência reduzida, o que se explica pelo facto de os cristais de gelo quebrarem as ligações entre o agregado granular e a pedra de cimento.

Os seguintes erros ocorrem frequentemente durante a betonagem de inverno:

- aumenta o tempo necessário para terminar a superfície do betão;
- aumento do custo da betonagem;
- forma-se uma superfície de betão fraca e poeirenta;
- as fissuras estão a formar-se.

Para evitar as consequências acima referidas, devem ser respeitadas as seguintes recomendações durante a preparação e a colocação da mistura de betão.

Ao despejar betão no inverno, é necessário lembrar-se de manter o regime de temperatura da mistura de betão:

- a mistura de betão acabado de preparar deve ter uma temperatura não superior a 30°C;
- A mistura de betão, ao ser vazada em condições de temperatura média diária do ar de +5°C

a -3°C, deve ter uma temperatura: para betão de grau M200 e superior - não inferior a +5°C; para betão de grau inferior - não inferior a +10°C;

- Se a temperatura do ar for inferior a - 3 °C, a betonagem segura é possível se a temperatura da mistura de betão for mantida a um mínimo de + 10 °C durante 3 dias.

Estação de aquecimento de betão SPB-35 Arc

A mistura de betão para betonagem a baixas temperaturas deve ser preparada tendo em conta o seguinte

- utilizar um teor de cimento mais elevado;
- reduzir a relação água-cimento;
- as cargas granulares são pré-aquecidas a + 35°C;
- a água é aquecida a + 70°C;
- A água aquecida é pré-misturada com o agregado granular e só depois é adicionado o

cimento;

• quando se utiliza uma betoneira, os ingredientes são introduzidos pela seguinte ordem: agregado granular + a parte principal da água aquecida; fazer várias rotações; verter o resto da água. A duração da mistura é de, pelo menos, 1,5-2 minutos (1,5 vezes mais do que as normas de verão);

• utilizar anticongelante e aditivos que envolvam o ar;

• a mistura de betão é aquecida a uma temperatura não superior a +30°C;

• a duração da vibração é aumentada em 1,25 vezes.

O betão colocado no inverno deve ser protegido do congelamento durante o período de cura necessário para atingir 50% da sua resistência de projeto. As condições normais de cura do betão no inverno são conseguidas de duas maneiras: utilizando o calor interno do betão e fornecendo calor adicional ao betão a partir do exterior. A reserva interna de calor é criada aquecendo os componentes da mistura de betão (água, areia e pedra britada ou cascalho) de tal modo que a temperatura da mistura de betão à saída da betoneira não exceda 30^0C, uma vez que a temperaturas mais elevadas o betão engrossa rapidamente e perde a sua trabalhabilidade. A água para a mistura pode ser aquecida até 80^0C, os agregados até 40^0C. Além disso, o calor gerado pela reação química do cimento e da água (exotermia do cimento) impede o arrefecimento da estrutura. Para manter a reserva de calor durante um certo período de tempo, as estruturas de mistura de betão são revestidas com materiais de isolamento térmico. A espessura do revestimento é determinada por um cálculo de engenharia térmica. Este método é designado por "thermos". É utilizado para a betonagem de estruturas maciças com um módulo de superfície (relação entre a superfície de arrefecimento do betão e o volume) não superior a 6. Em estruturas finas e, por vezes, em estruturas maciças, a mistura de betão acabado de colocar é aquecida por vapor ou corrente eléctrica (aquecimento elétrico). O vapor para aquecer o betão a uma temperatura de $50\text{-}80^0$C é normalmente introduzido nas aberturas entre as paredes da cofragem dupla ou em canais cortados no interior da cofragem; por vezes, passa através de tubos colocados no interior do betão. Este método permite obter em 1 - 2 dias uma resistência igual a 60 - 70% da resistência final (28 dias).

O betão é aquecido eletricamente com corrente alternada. A corrente é transmitida por eléctrodos de dois tipos: eléctrodos de superfície (sob a forma de placas de aço colocadas na superfície) e eléctrodos internos (sob a forma de barras de aço colocadas horizontal ou verticalmente). Na construção de uma estrutura de betão armado, a armadura é utilizada como um dos eléctrodos. Quando uma corrente eléctrica atravessa o betão, é libertado calor, fazendo com que o betão aqueça e endureça rapidamente. No entanto, o betão a ser aquecido não deve exceder uma temperatura de 60^{0}°C. Caso contrário, pode ocorrer uma secagem local do betão.

A mistura de betão é aquecida durante o processo de preparação do betão. A temperatura de aquecimento é selecionada em função da duração e do método de transporte do betão para o local de colocação e da temperatura do ar ambiente. É importante que a temperatura no corpo de betão não desça abaixo dos $+15^{0}$C quando a estrutura de betão monolítico estiver concluída. Após a colocação da mistura de betão, a estrutura é coberta com material isolante para que o betão endureça a uma temperatura positiva. A betonagem de estruturas monolíticas maciças é realizada tendo em conta a temperatura libertada durante a hidratação do cimento. Para determinar a temperatura exacta no interior do betão de cura, são colocados sensores de temperatura no betão.

Aquecimento da estrutura. O aquecimento elétrico e por infravermelhos é utilizado para aumentar a temperatura no corpo do betão. É necessário ter em conta o facto de a temperatura normal para o endurecimento do betão ser considerada como $+15^{0}$C +20°C. Se a temperatura for reduzida, a cura da solução abranda e, a zero graus centígrados, pára completamente. Os aditivos especiais anticongelantes do betão podem remediar a situação, permitindo que a argamassa seja utilizada mesmo a temperaturas negativas.

A utilização de *aditivos anticongelantes* é utilizada para evitar o congelamento do betão durante o transporte e a colocação da mistura de betão. Como aditivos anticongelantes para utilização na preparação do betão:

- cloreto de cálcio (CC);
- nitrato de cálcio (NC);
- uma mistura constituída por nitrito de cálcio e nitrato de cálcio (NNK);
- uma mistura de nitrito, nitrato e cloreto de cálcio (NNHC);
- cloreto de sódio (SC);
- nitrito de sódio (SN);

- sulfato de sódio (CH);
- ureia (ureia);
- potassa (P);
- formiato de sódio;
- filtrado de pentaeritritol técnico.

CC e CH são os aditivos anticongelantes mais eficazes. No entanto, podem provocar a corrosão das armaduras e formar eflorescências brancas na superfície. Por conseguinte, a sua utilização é estritamente limitada. As misturas de betão com baixas dosagens de HC e de formiato de sódio podem ser utilizadas a temperaturas ambiente até -20^{0}C sem receio de corrosão das armaduras e do aparecimento de eflorescências na superfície do betão.

Os aditivos anticongelantes cumprem duas funções ao mesmo tempo: encurtam o endurecimento do betão e, ao mesmo tempo, reduzem o ponto de congelação da água. A água permanece na forma líquida, permitindo que o betão endureça mesmo a temperaturas abaixo de zero.

Instruções metodológicas para a aula. É necessário conhecer as formas de assegurar as condições normais de cura do betão no inverno, bem como as formas de proteger o betão do congelamento no inverno.

Perguntas para testar os conhecimentos teóricos

Quais são algumas das formas de garantir condições normais de cura do betão no inverno?

1. Indicar os métodos de betonagem de inverno.
2. Qual é o módulo de elasticidade superficial do betão?
3. Que estruturas de betão são classificadas como maciças?
4. Que aditivos anticongelantes são utilizados?

CAPÍTULO 5. TIPOS ESPECIAIS DE BETÃO PESADO

Objetivo: familiarizar-se com os tipos especiais de betão e as suas aplicações.

O betão de alta resistência com uma resistência de 60... 100 MPa *é produzido a partir de cimento de qualidade superior* e de areia lavada e *pedra britada* com uma resistência de, pelo menos, 100 MPa. 100 MPa é obtido com base em cimento de qualidade superior, areia lavada e pedra britada com uma resistência não inferior a 100 MPa. O betão de alta resistência é preparado com B/C baixo = 0,3...0,35 (as misturas são rígidas ou pouco móveis) em betoneiras obrigatórias. A compactação intensiva é utilizada para a colocação das misturas e a moldagem dos produtos: vibração com carga, dupla vibração, etc. Os superplastificantes têm um efeito significativo na produção de betão de alta resistência.

Em regra, os betões de alta resistência são também de endurecimento rápido, mas o tratamento térmico com um regime reduzido é utilizado para atingir a resistência de têmpera dos produtos num curto período de tempo. Os novos cimentos, especialmente os de endurecimento rápido, permitem produzir produtos de betão sem tratamento térmico. O betão pesado tem uma elevada resistência à tração, ao desgaste e ao gelo. Para preparar o betão de alta resistência, são utilizados todos os meios, tais como a adoção de uma relação água-cimento extremamente baixa, superplastificantes, cimento de alta resistência, mistura e compactação minuciosas da mistura de betão e manutenção rigorosa do betão.

O betão *hidrotécnico* é o betão utilizado para a construção de estruturas hidráulicas (barragens, estruturas de regulação da água, tomadas de água e outras).

Os betões para a construção de *transportes* destinam-se à construção de pontes, passagens superiores, viadutos, bueiros e estruturas de regulação em caminhos-de-ferro e auto-estradas.

O betão para estradas é designado por betão pesado. É utilizado na construção de auto-estradas e aeródromos. De acordo com a sua finalidade, divide-se em betão para pavimentos de uma camada, para as camadas superior e inferior de pavimentos de duas camadas, bem como para as bases de pavimentos melhorados. O betão rodoviário está sujeito a requisitos de resistência à compressão, resistência à tração por flexão, resistência ao gelo e resistência à abrasão. A elevada durabilidade do betão é conseguida através da norma B/C, que é aceite para o betão de uma camada e da camada superior dos pavimentos de duas camadas não superior a 0,5. Para a camada inferior, que trabalha em condições mais favoráveis, B/C = 0,6 e superior. Para as bases de pavimentos melhorados, o B/C das misturas de betão não é normalizado. A trabalhabilidade das misturas de betão é de 2 a 4 cm. No entanto, nos últimos anos, existe uma experiência de colocação de misturas rígidas com compactação por rolos. A durabilidade do betão depende da qualidade dos materiais. Nas misturas de betão, devem ser utilizados cimentos Portland sem aditivos minerais com um teor de SZA até 8%, cimentos plastificados e hidrofóbicos ou PVA. A areia e o agregado grosso devem ser de alta qualidade.

Os betões resistentes ao calor são designados por *betões* capazes de manter a resistência a longo prazo a temperaturas superiores a 2000C; utilizam ligantes hidráulicos: cimento Portland, cimento Portland de endurecimento rápido, cimento Portland de escória, cimentos de alumina, de alta alumina e de bário; ligantes aéreos - vidro de sódio líquido, cimento de periclase; químicos: silicato - argila, compostos de fosfato. Os enchimentos são pedra britada e areia obtida a partir de argila queimada, produtos refractários e refractários; de materiais secundários - escórias de alto-forno, combustível, ferro-crómio e outras escórias; rochas - quartzito, basalto, diabásio, tufo, escória vulcânica, pedra-pomes. São também utilizados agregados artificiais porosos especialmente fabricados - argila expandida, aglopirite, shungizite, perlite, vermiculite, etc. Para aumentar a resistência do betão quando aquecido, são introduzidos na sua composição aditivos finamente moídos feitos de minério de cromite, argila refractária, tijolos de magnesite, andesite, escória granulada de alto-forno, etc. A finura de moagem da mistura para o betão de cimento Portland deve ser tal que pelo menos 70% passe pelo peneiro n.º 009, e para o betão de vidro líquido - pelo menos 50%. Como agregado fino e grosseiro, utiliza-se cromite, argila refractária, abate de tijolos de argila, basalto, diabásio, andesite, etc. Com ligantes e agregados corretamente selecionados, o betão pode suportar durante muito tempo, sem quebrar, o efeito da temperatura até 1200 ° C. A escolha dos materiais é feita em função das condições de temperatura do seu funcionamento. O betão resistente ao calor em cimento Portland e cimento de alumina produziu classe (grau) não inferior a B20 (250), e em vidro líquido - B 12,5 (150). Os betões em vidro líquido não são utilizados em condições de exposição frequente à água, e em cimento Portland - em condições de ambiente ácido e agressivo. Para betões resistentes ao calor utilizados a uma temperatura de 800 ° C, determinar a resistência residual após o aquecimento a esta temperatura. Para os betões utilizados a 600 e 700°C, os provetes são aquecidos a esta temperatura e, em seguida, é determinada a resistência residual. A durabilidade do betão resistente ao calor é avaliada pela sua resistência térmica. Normalmente, o betão de cimento Portland é utilizado em estruturas a temperaturas até 200^{0}C. Deve ser tido em conta que a resistência à compressão do betão é reduzida em 25%. Os betões de cimento Portland de diferentes composições são utilizados no aquecimento unilateral com uma temperatura limite de 1700 ° C, em cimento de alumina e vidro líquido - até 1400 ° C. Os betões resistentes ao calor são utilizados para o fabrico de várias unidades térmicas e chaminés.

Os betões estruturais - isolantes térmicos são concebidos para estruturas de betão armado, que estão sujeitas a requisitos tanto em termos de capacidade de carga como de propriedades de isolamento térmico.

O betão *resistente à corrosão* é um betão capaz de resistir à ação de meios agressivos em condições de funcionamento.

Os tipos especiais de betão incluem também o betão de grão fino, o betão moldado no local, o betão decorativo e o betão para proteção contra radiações.

O betão *de grão fino* é o betão com agregados de tamanho até 10 mm. O betão de grão fino pode ser aplicado por projeção com uma pistola de cimento. A pistola de cimento é enchida com uma mistura seca de betão de grão fino, que é fornecida por ar comprimido através de uma mangueira flexível para o local de colocação do betão. À saída da mangueira flexível, uma mangueira pressurizada especial fornece a quantidade de água necessária. A mistura seca é humedecida com água à medida que sai da abertura do bico e é aplicada à superfície pavimentada na sua forma acabada. Este método de colocação da mistura de betão produz um betão de grão fino de elevada densidade, força, resistência ao gelo e resistência à água. Existe também um método convencional, ou seja, a colocação da mistura pronta numa cofragem ou molde com posterior compactação e tratamento térmico (se necessário), utilizado na disposição de revestimentos impermeáveis de canais e lagoas, na construção de diversos contentores, no fabrico de painéis de paredes finas e lajes de pavimentação, na selagem de juntas de dilatação de estruturas hidráulicas, etc. O betão de grão fino caracteriza-se por um elevado teor de pedra de cimento, pelo que a sua retração e a sua fluência são ligeiramente superiores. É utilizado no fabrico de estruturas de paredes finas, incluindo estruturas de cimento armado, bem como nos casos em que não existe agregado grosso. As propriedades do betão de grão fino são caracterizadas pelos mesmos factores que o betão convencional. No entanto, a ausência de agregado grosso leva a um aumento do consumo de água da mistura de betão, e para obter betão de igual resistência e mistura de igual deslizamento aumenta o consumo de cimento em 20...40% Para reduzir o consumo de cimento, é necessário utilizar areias de alta qualidade, aditivos plastificantes, superplastificantes, para produzir uma boa compactação da mistura. O betão de grão fino tem maior resistência à flexão, boa resistência à água e ao gelo.

O betão vazado é conveniente para utilização na construção de engenharia hidráulica para a betonagem de estruturas de paredes finas densamente reforçadas com configuração complexa, onde a colocação e vibração de misturas convencionais é difícil, bem como na betonagem de revestimento monolítico de canais de irrigação de construção de várias secções transversais e produção de betão armado pré-fabricado para construção de recuperação de terras. A mistura de betão vazado é preparada a partir de cimento, areia com um teor de partículas finas (mais finas do que 0,15 mm) até 15% da massa de agregado grosso, aditivos de retenção de água (argila para betão, etc.), microenchimentos (cinzas volantes, pó de argila expandida, etc.). A mistura de betão para betão vazado no local é obtida fundida (fluida), o que permite a sua colocação sem impacto mecânico.

Betão para proteção contra efeitos radioactivos - trata-se de betões especialmente pesados, que protegem contra os raios de cimento e as radiações de neutrões, que representam o maior perigo para os organismos vivos durante o decaimento nuclear. O cimento Portland, o cimento de escória-portland, o cimento de alumina, etc. servem como aglutinantes. Como agregados adicionais são utilizados materiais de densidade aumentada - barita, limonita, magnesita, sucata de ferro, sucata de aço, com os quais é possível obter betão com densidade média de 2800 a 5000kg/m^3. Para melhorar as suas propriedades, são introduzidos na sua composição aditivos de carboneto de boro, cloreto de lítio, sulfato de cádmio, contendo elementos leves - hidrogénio, lítio, cádmio, boro. Como agregados para este tipo de betão, são utilizados materiais de elevada densidade - barite, magnetite, limonite, bem como sucata metálica sob a forma de granalha de ferro fundido, sucata de fita de reforço e de perfis metálicos, aparas metálicas e outros. A densidade do betão protetor especialmente pesado depende do tipo de agregado e da sua densidade. O cimento Portland, o cimento de escória-portland e o cimento de alumina são utilizados como ligantes para a preparação de betão extra pesado. Em betões especiais, o ligante mais eficaz pode ser uma substância que, como resultado do endurecimento, anexa uma grande quantidade de água (a fim de aumentar o hidrogénio no betão). Esta substância é o hidrossulfoaluminato de cálcio, que é formado pela interação do aluminato tricálcico contido no cimento Portland com o gesso. Por conseguinte, um tipo de cimento para fins especiais contém uma quantidade maior de aluminato tricálcico e gesso. Para evitar a sua eventual destruição espontânea, são-lhe adicionados aditivos hidráulicos (trepel, diatomite, etc.). Para além do cimento Portland, são também utilizados cimentos de alumina, expansivos e sem retração. Mas estes últimos têm um custo elevado. Para melhorar as propriedades protectoras do betão hidratado (estes betões receberam este nome devido ao seu elevado teor de água), são introduzidos aditivos que aumentam o teor de hidrogénio, carboneto, boro, cloreto de lítio, sulfureto de cádmio e outros aditivos que contêm elementos leves - hidrogénio, lítio, cádmio e substâncias que contêm boro.

O betão resistente a ácidos é produzido utilizando cimento resistente a ácidos e agregados resistentes a ácidos. A mistura de betão é preenchida com vidro solúvel numa quantidade que garanta a mobilidade necessária da mistura de betão. Para a fabricação de concreto resistente a ácidos com resistência à ação de ácidos inorgânicos (exceto fluorídrico), use uma mistura de vidro solúvel (silicato de sódio) com 15% de silicofluoreto de sódio KhaHyЪ, bem como areia de quartzo, pedra britada de Beshtownite, andesito ou quartzito e fração semelhante a pó (mais fina que 0,15 mm), preparada a partir de materiais resistentes a ácidos. A cura do betão resistente aos ácidos deve ter lugar num ambiente quente e seco ao ar. O betão resistente a ácidos caracteriza-se por uma forte aderência às armaduras de aço, resistência à ação dos ácidos sulfúrico, clorídrico, nítrico, etc. (exceto o ácido fluorídrico). (exceto o ácido fluorídrico), resistência à compressão em 3 dias - 11...12 MPa, em 28 dias - 15 MPa. Sob a ação da água e dos ácidos fracos, o betão resistente aos ácidos é gradualmente destruído; sob a ação dos ácidos concentrados, este betão resiste bem, mas as soluções alcalinas destroem-no facilmente. O betão resistente a ácidos é utilizado em várias construções e revestimentos de equipamentos na indústria química, substituindo materiais dispendiosos: chapas de chumbo, cerâmica resistente a ácidos, pedra talhada.

Os betões decorativos são utilizados para o acabamento arquitetónico de elementos estruturais de edifícios e estruturas - paredes, pavimentos, escadas, faixas de separação de pavimentos rodoviários, etc. São compostos por cimentos coloridos ou brancos, pigmentos e agregados coloridos. São constituídos por cimentos coloridos ou brancos, pigmentos e agregados coloridos. Os pigmentos devem ser resistentes aos álcalis e à luz. Não podem ser adicionados a mais de 8 - 10% do peso do cimento. Normalmente, os cimentos Portland com pigmentos são utilizados para betão de cor escura e os brancos para betão de cor clara. Os enchimentos são feitos de rochas coloridas: mármore, granito vermelho e cor-de-rosa, sienito, labradorite e outros. Para obter uma textura que corresponda ao projeto arquitetónico, a superfície dos agregados é exposta por trituração, lascagem com fresas. Os betões decorativos obtêm-se introduzindo na mistura de betão pigmentos alcalinos e resistentes à luz na quantidade de 8...10 % do peso do cimento (ocre, múmia, poeira, etc.) ou utilizando cimentos coloridos. Em alguns casos, são utilizados agregados com a cor pretendida, por exemplo, tufos, quartzitos vermelhos, mármore e outras rochas coloridas. Os betões coloridos são utilizados para fins decorativos na construção de edifícios e de estruturas, na construção de passagens para peões, de faixas de separação em pavimentos rodoviários, de parques, bem como no fabrico de elementos de paisagismo urbano, na decoração exterior de edifícios, devendo ser duráveis.

Instruções metodológicas para a aula. É necessário conhecer os tipos de betões especiais, os materiais para a sua preparação e as áreas de aplicação.

Questões de controlo dos conhecimentos teóricos

1. Que tipos especiais de betão pesado conhece?

2. Onde são utilizados o betão vazado no local e o betão de grão fino?

3. Quais são as propriedades do betão resistente ao calor?

4. Para que acabamentos de elementos estruturais de edifícios e construções são utilizados os betões decorativos?

5. Que agregados adicionais são utilizados no betão para proteger contra a radiação?

CAPÍTULO 6. BETÃO LEVE

Objetivo: conhecer as variedades e as propriedades do betão leve, as suas áreas de aplicação, os materiais para a produção de betão leve.

O betão leve, caracterizado por uma elevada porosidade (até 40%) e uma densidade média relativamente baixa (de 500 a 1800 kg/m$^{3)}$, é amplamente utilizado para o fabrico de estruturas pré-fabricadas de betão e de betão armado, estruturais e de fecho. A sua utilização em vez de tijolos e betão pesado permite aumentar as qualidades de proteção térmica dos recintos, o que, por sua vez, permite reduzir a espessura e o peso das paredes dos edifícios, reduzindo assim os custos de transporte.

No betão leve, utilizam-se como agregados areia e pedra britada de pedra-pomes, escória vulcânica, tufo vulcânico, calcário poroso e dolomite, calcário - coquina, tufo de cal, opoca, trepel, diatomite, escórias de combustível, escórias metalúrgicas porosas, argila expandida durante a cozedura, termo-site, perlite, vermiculite, etc.

Fabrico. O betão é fabricado através da mistura de cimento, areia, pedra britada e água (a proporção depende do grau de cimento, da fração e do teor de humidade da areia e da pedra britada), bem como de pequenas quantidades de aditivos (plastificantes, hidrofobizantes, etc.). O cimento e a água são os principais componentes de ligação na produção de betão. Por exemplo, se for utilizado cimento de grau 400 para produzir betão de grau 200, é utilizada uma relação de 1:3:5:0,5. Se for utilizado cimento de grau 500, esta relação convencional produz um betão de grau 350. A relação entre a água e o cimento ("relação água-cimento", "módulo de elasticidade água-cimento"; denotado "W/C") é uma caraterística importante do betão. A resistência do betão está diretamente relacionada com esta relação: quanto mais baixa for a relação água/cimento, mais forte será o betão. Em teoria, B/C = 0,2 é suficiente para a hidratação do cimento, mas a plasticidade desse betão é demasiado baixa, pelo que, na prática, se utiliza B/C = 0,3-0,5.

Um erro comum na produção artesanal de betão é a adição excessiva de água, que aumenta a mobilidade do betão mas reduz várias vezes a sua resistência.

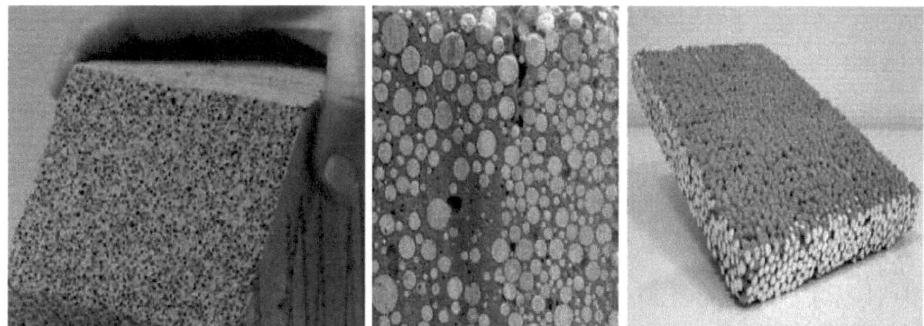

Em cada fase da construção, são utilizados diferentes tipos de betão celular leve. Por exemplo, para a fundação ou para o pavimento, são utilizadas misturas à base de argila, enquanto as paredes são colocadas com blocos de construção feitos de espuma ou betão celular, arbolite, escória, etc. O isolamento das lajes de betão leve pode ser feito com betão de poliestireno. As lajes feitas de betão leve podem ser isoladas com betão de poliestireno. A estrutura assemelha-se a um material natural - a pedra-pomes.

O Gost estabelece a composição da mistura, que é determinante para este betão, nomeadamente em termos de agregados.

1. Utilização de um tipo de agregado mineral poroso (argila expandida, vermiculite, agloporite, perlite) ou dois (betão de argila expandida-vermiculite, betão de argila expandida-perlite);

2. Com agregados orgânicos (betão de poliestireno ou PSFB, arbolite, pedra-pomes ou betão de tufo).

Consoante o tipo de agregado grosso utilizado, o betão leve divide-se em betão de argila expandida, betão de agloporite, betão de escórias, betão de pedra-pomes, etc.

Em termos de estrutura, o betão em questão divide-se nos seguintes tipos principais: betão leve ordinário, constituído por ligante, água, agregados finos e grossos, com a solução a preencher completamente os vazios entre os grãos de agregado grosso. A quantidade de ar envolvida na mistura de betão não excede 6% do volume; betão leve de grande porosidade (sem areia), em que os grãos de agregado grosso são cobertos por uma fina camada de pasta de cimento e os vazios intergranulares permanecem livres. A estrutura porosa grosseira contém mais de 25% dos vazios preenchidos com ar; betões leves porosos baseados num ligante e num agente formador de poros, nos quais ocorrem células de ar na estrutura. Isto aumenta a porosidade da argamassa de cimento e reduz, assim, a densidade do betão.

De acordo com a finalidade, o betão leve sobre agregados porosos divide-se nos seguintes tipos: isolante - densidade média no estado seco ao ar inferior a 500kg/m^3, condutividade térmica não superior a 0,25W/(m-(^{0})C), utilizado para o fabrico de painéis de isolamento e outros produtos; estrutural - isolante com uma densidade média de 500 - 1800kg/m^3, resistência não inferior a M35, condutividade térmica não superior a 0.6W/(m-(^{0})C), utilizado em estruturas de suporte de carga e estruturas de fecho autoportantes (paredes e pavimentos); estrutural - com uma densidade média de 1400 - 1800kg/cm^3, resistência não inferior a M50, resistência ao gelo B50 e superior, utilizado em estruturas de suporte de carga.

De acordo com o tipo de ligante, o betão leve distingue-se entre cimento, cal, gesso, ligante misto e vidro líquido. O cimento Portland, o cimento Portland de escória, o cimento Portland pozolânico e o cimento Portland de endurecimento rápido são utilizados para o betão leve não autoclavado.

Os materiais de pedra porosa naturais ou artificiais são utilizados como agregados para betão leve, cujas propriedades e qualidade determinam as propriedades do betão preparado.

Os agregados porosos naturais são obtidos por trituração e fracionamento de rochas porosas, tais como pedra-pomes, tufos vulcânicos ou lava, calcário - coquina, etc. Os mais eficazes são a pedra-pomes e os tufos vulcânicos, que têm uma *porosidade elevada*, principalmente fechada, pelo que a sua absorção de água é baixa. Entre eles, a pedra-pomes e os tufos vulcânicos são os mais eficazes, uma vez que têm uma porosidade elevada e maioritariamente fechada, o que faz com que a sua absorção de água seja baixa.

Os agregados artificiais são resíduos industriais e processamento especial de materiais de pedra natural. Os agregados que são resíduos industriais e são utilizados sem processamento preliminar incluem escórias metalúrgicas e de combustível, escórias químicas. Os agregados obtidos como resultado do processamento especial de materiais de pedra natural e de resíduos industriais incluem argila expandida, argila expandida cozida, argila expandida e agloporite, perlite expandida e vermiculite, escórias granuladas, cascalho de cinzas, etc. Os agregados são utilizados como resultado do processamento especial de materiais de pedra natural e de resíduos industriais.

A argilodite é fabricada a partir de matérias-primas argilosas capazes de inchar bem durante a cozedura, com um teor acrescido de compostos de ferro ou com aditivos que libertam produtos gasosos. A massa de argila preparada é moldada em grânulos, que são secos antes da cozedura. Os grânulos secos são cozidos em fornos rotativos a temperaturas até 1200^{0}C. Durante o processo de cozedura, os grânulos incham, aumentando o seu volume 17 vezes e formando gravilha de argila expandida. As variedades de argilodite são a shungusite, o cascalho de cinza, a argilodite de alumina, a argilite expandida e o trepel, produzidos por cozedura com inchaço de grânulos preparados (grãos) de argila e rochas areno-argilosas (argilas, margas, xisto, argilite, siltito), xistos contendo shungite, trepels, cinzas e mistura de escórias.

A perlite espumosa é um material poroso artificial obtido a partir de rochas poliminerais invertidas, que, quando aquecidas a 1100 - 13000C, incham e formam escombros porosos. É obtida através da cozedura de grânulos de rochas vulcânicas (perlite, obsidiana e outros vidros vulcânicos que contêm água). O processo de tratamento térmico da perlite, dependendo das propriedades das matérias-primas e do tipo de produto acabado (pedra britada e areia), é efectuado através de uma ou duas fases de cozedura em fornos rotativos curtos e em estado suspenso - em fornos verticais. A pedra britada e a areia de perlite para betão têm uma densidade aparente de 150 - 450kg/m^3, e a areia de perlite para enchimento de isolamento térmico -50 - 100kg/m^3.

A vermiculite a granel é um produto da meteorização da rocha natural (mica biotite) que, quando aquecida rapidamente a 700 - 900°C, incha, aumentando de volume 40 vezes. É obtida através da cozedura de grãos preparados a partir de camadas naturais hidratadas. A partir de resíduos industriais, a areia e a pedra britada são utilizadas principalmente a partir de escórias metalúrgicas granuladas ou expandidas, bem como de cinzas grosseiras dispersas e misturas de cinzas e escórias de centrais térmicas.

A agloporite é um agregado poroso artificial com granulometria de 5 a 20 mm, densidade aparente de 400 a 700 kg/m^3 e resistência de 0,4 a 1,5 MPa. As matérias-primas para a produção de agloporite são rochas argilosas (argila, argila arenosa, argilite, xisto argiloso), bem como resíduos industriais - resíduos argilosos da extração e preparação de carvão, rocha queimada, escória de combustível, cinzas de centrais térmicas e outras rochas de silicato semelhantes a pedra. A tecnologia de produção de cascalho de agloporite a partir de cinzas de centrais térmicas por sinterização de grânulos brutos nas grelhas de máquinas de sinterização permite obter um agregado poroso artificial sob a forma de grânulos arredondados de uma determinada composição granulométrica com uma casca de superfície sinterizada de maior resistência.

A escória granulada é um material poroso de grão fino produzido pelo arrefecimento rápido de escórias metalúrgicas fundidas.

A pedra-pomes de escória (termo-site) é produzida sob a forma de aglomerados de estrutura celular por inchaço da escória fundida com água, ar ou a sua mistura. Os métodos de porização existentes dividem-se em dois grupos principais. O primeiro inclui os métodos de porização por fusão efectuados em unidades de funcionamento periódico, por exemplo, em piscinas; o segundo inclui os métodos de porização por fusão em unidades de funcionamento contínuo (por exemplo, unidade de hidropeneiramento). A fixação da estrutura porosa é efectuada por arrefecimento rápido da massa fundida. Os pedaços de pedra-pomes de escória são triturados e dispersos em pedra britada e areia. Dependendo da densidade aparente da pedra britada (400 - 800kg/m$^{(3))}$, a resistência do agregado é de 0,4 - 2,0 MPa.

As principais propriedades do betão leve sobre agregados porosos são a densidade, a condutividade térmica, a resistência e a resistência ao gelo. Para obter um betão leve com determinadas propriedades, é necessário não só selecionar os materiais constituintes iniciais, mas também escolher a composição correta do betão. A densidade média do betão depende principalmente da densidade aparente e da granulometria do agregado, do ligante e do consumo de água.

Para a preparação e humedecimento do betão leve, utiliza-se água potável que satisfaça os mesmos requisitos que para o betão pesado.

A maior porosidade do betão leve favorece a ocorrência e o desenvolvimento da corrosão das armaduras nos produtos de betão armado. Por conseguinte, num ambiente agressivo, o betão de uma estrutura armada deve ser denso. Como mostra a prática, esse betão deve ter um teor de cimento de, pelo menos, 250 kg/m^3. Por vezes, a armadura é coberta com diferentes composições: suspensão de cimento-caseína com nitrito de sódio; mástique betuminoso com areia moída, cinzas e solvente - thuol, mástique de cimento betuminoso.

O teor de compostos de enxofre solúveis em água da conversão 804 nos agregados destinados ao betão leve armado não deve exceder 1% e o fator de amolecimento não deve ser inferior a 0,6.

A resistência do betão leve depende da resistência da pedra de cimento e dos agregados, cuja resistência é significativamente inferior à resistência dos agregados grossos utilizados no betão pesado. No caso do reforço de estruturas, é utilizado o betão leve com uma estrutura densa. Nestes casos, o consumo de cimento por 1m(3) de mistura de betão deve ser de, pelo menos, 200kg por 1m^3. A densidade média destes betões não é inferior a 800 kg/m^3. Estes betões proporcionam uma boa aderência da armadura ao betão e uma proteção fiável contra a corrosão.

A resistência ao gelo do betão leve depende do tipo e da quantidade de ligante e da resistência ao gelo do agregado. O betão de cimento Portland tem uma maior resistência ao gelo, que aumenta com a quantidade de cimento. Os agregados leves resistentes ao gelo (pedra-pomes, argila expandida, agloporite) permitem obter betões com resistência ao gelo B25 - B100. Estes betões são utilizados para estruturas exteriores de edifícios.

Variedades de betão leve:

O betão celular é um tipo de betão leve com poros uniformemente distribuídos (até 85% do volume total do betão); é produzido como resultado do endurecimento de uma mistura de ligante, água e um componente de sílica pré-inchado por um agente formador de poros.

Os betões celulares dividem-se nos seguintes grupos, de acordo com o tipo de ligante utilizado:

- *betão celular e espuma de betão* à base de cimento Portland ou de ligante cimento-cal;

- *silicatos gasosos e espumossilicatos*, produzidos a partir de uma mistura de cal - cal de ebulição e areia de quartzo;

- *betões com escórias gasosas e betões com escórias espumosas*, obtidos a partir de uma mistura de cal e de escórias granuladas de alto-forno finamente moídas.

De acordo com as condições de cura, o betão celular distingue-se entre cura por vaporização e cura por autoclavagem.

A espuma de betão é preparada misturando massa de cimento ou argamassa com espuma estável preparada separadamente. Após o endurecimento da mistura de espuma de betão, forma-se uma estrutura de betão celular. A espuma é preparada misturando vigorosamente o agente de expansão com água. As misturas líquidas de sabão de colofónia e cola animal ou uma solução aquosa de saponina (extrato de raiz de sabão vegetal), bem como a preparação de HA (sangue hidrolisado de matadouros) são utilizadas como agente espumante. A espuma resultante tem uma estrutura estável e mistura-se bem com massa de cimento ou argamassa. A mistura de espuma de betão é preparada em misturadores de espuma de betão, depois é vertida em moldes metálicos e enviada para câmaras de vaporização ou autoclaves. Na autoclave, a uma temperatura de 175 - 190^{0}C e a uma pressão de vapor de 0,8 - 1,3 MPa, o hidróxido de cálcio interage intensamente com o componente de sílica, formando-se assim o hidrossilicato de cálcio, que tem uma resistência e durabilidade bastante elevadas. De acordo com as propriedades físicas e matemáticas, o betão-espuma distingue-se:

e) A espuma de betão com isolamento térmico é moldada sob a forma de blocos de dimensões iguais ou superiores a 100x50x50cm, que, após a cura, são serrados em placas, com uma resistência até 2,5 MPa e uma condutividade térmica de 0,1 - 0,2W/(m-°C). Este tipo de bloco de espuma é utilizado para o isolamento térmico de revestimentos de betão armado, divisórias, etc;

b) Estrutural - a espuma de betão com isolamento térmico tem uma resistência de 2,57,5 MPa, condutividade térmica de 0,2-0,4 W/(m-^{0}C), é utilizada para o encerramento de estruturas; c) os produtos reforçados para revestimentos são feitos de espuma de betão estrutural. São reforçados com duas malhas de arame de 3 a 5 mm de diâmetro. Com uma resistência de até 2,0 MPa e uma condutividade térmica de 0,4-0,6 W/(m-^{0}C), é amplamente utilizado em estruturas de fecho de três camadas de edifícios aquecidos.

O betão celular é preparado a partir de uma mistura de cimento (por vezes com a adição de cal), componente de sílica e água, com a introdução de um agente formador de gás - pó de alumínio, perehydrol (solução aquosa de peróxido de hidrogénio H2O2), etc. na mistura já misturada. O agente formador de gás mais comum é o pó de alumínio (pó) finamente disperso. O processo de gaseificação ocorre como resultado da interação química entre o alumínio e o hidróxido de cálcio. O hidrogénio libertado incha a massa de cimento, que, quando endurecida, mantém a sua estrutura celular. Os componentes iniciais do betão celular - cimento, cal - penugem, areia moída, água - são cuidadosamente misturados num misturador, nesta solução verte-se uma suspensão aquosa de pó de alumínio e, após repetidas misturas, verte-se a mistura de betão celular em moldes metálicos, enchendo-os com um cálculo tal que, após o fim do inchamento, o molde fica cheio até ao topo. Após a maturação nos moldes, o betão celular é normalmente submetido a um endurecimento acelerado em autoclaves. Aplicando o tratamento em autoclave, é possível não só fornecer produtos com elevada resistência, mas também reduzir significativamente o consumo de cimento, substituindo-o parcialmente ou por cal. Neste último caso, obtêm-se silicatos gasosos. O betão celular adapta-se bem à perfuração e à serragem, e pode ser facilmente pregado.

Na maioria dos casos, a *mistura de betão de porosidade grossa* é preparada a partir de cimento, agregado grosso (pedra britada ou cascalho) e água. A pedra de cimento liga os grãos individuais de agregado grosso ao longo dos seus planos de contacto entre si. Este tipo de betão é designado por betão *sem areia.* Em alguns casos, é adicionada uma pequena quantidade de areia à mistura de betão, de modo a que o volume total de cimento, areia e água seja inferior ao volume de vazios no agregado grosso. Este tipo de betão é designado por betão *com baixo teor de areia.* Como agregado grosso, utiliza-se brita porosa (menos frequentemente densa) ou pedra britada. O consumo de cimento por $1m^3$ de mistura de betão varia de 70 a 150kg. O coeficiente de condutividade térmica do betão poroso de grandes dimensões com agregados densos é de 0,6 a 1 W/(m-K). Este é o betão leve menos eficiente em termos de propriedades de proteção térmica. O betão de grandes poros sobre agregados porosos tem as melhores propriedades de proteção térmica. Uma vez que os poros se formam no betão e comunicam entre si, as paredes dos edifícios feitos de betão de porosidade elevada devem ser rebocadas de ambos os lados para proteção térmica das instalações. As classes de betão de grandes poros são determinadas da mesma forma que para o betão pesado.

Instruções metodológicas para a aula. É necessário conhecer as propriedades básicas, as variedades e as aplicações do betão leve.

Questões de controlo dos conhecimentos teóricos

1. Que agregados são utilizados no betão leve?
2. Indicar as principais propriedades do betão leve.
3. De que depende a resistência do betão leve?
4. Em que grupos se divide o betão celular?
5. O que é a espuma de betão?
6. O que é o betão celular?
7. Porque é que os betões são chamados betões sem areia e betões com pouca areia?

TESTES

1. Que tipo de pedra é o betão?

a) Pedra natural proveniente de rochas ígneas.

b) Pedra natural proveniente de rochas sedimentares.

c) Pedra artificial produzida pelo endurecimento de uma mistura compactada.

d) Uma argamassa endurecida à base de ligantes minerais.

2. Quais são os betões mais pesados em termos de densidade média?

a) $= \rho$ 2500 kg/m^3 e superior

b) $\rho = 2000 - 2500$ kg/m^3

c) $\rho = 1800 - 2200$ kg/m^3

d) $\rho = 500 - 1800$ kg/m^3

3. Que agregados são utilizados para fazer betão pesado (normal)?

a) Sobre agregados densos (granito, mármore, cascalho, etc.).

b) Sobre agregado grosseiro poroso (vermiculite, argila expandida, aglopirite, etc.).

c) Em agregados particularmente pesados (magnesite, barite, sucata de aço, etc.).

d) Sobre pedra-pomes, tufos vulcânicos, etc.

4. Que betões existem de acordo com a natureza da estrutura?

a) Betões com uma estrutura densa (coesiva) em que o espaço entre os grãos de agregado é completamente ocupado pelo ligante endurecido.

b) Betão de porosidade grosseira (sem areia ou ligeiramente areado) em que uma proporção significativa do volume de vazios intergranulares não é ocupada pelo agregado fino e pelo ligante endurecido.

c) Betão poroso em que o espaço entre os grãos de agregado é ocupado por um ligante poroso com aditivos formadores de espuma ou de gás.

d) Todas as respostas anteriores estão corretas.

5. Em que circunstâncias se observa a delaminação do betão (redução da densidade do betão)?

a) Quando o consumo de cimento aumenta.

b) Teor insuficiente de cimento no betão.

c) Quando se desenvolvem deformações por contração.

d) Quando a resistência à fissuração do betão é reduzida.

6. Em que circunstâncias é que a atividade do cimento diminui?

a) Ao misturar o betão, misturar vigorosamente.

b) Quando o cimento é misturado com aditivos (aceleradores de endurecimento do cimento).

c) Quando é armazenado em armazéns.

d) Todas as respostas estão corretas.

7. Que propriedade caracteriza a coesão interna de uma mistura de betão, a sua capacidade de ser moldada numa determinada forma sem rutura ou delaminação?

a) Plasticidade da mistura de betão.

b) Mobilidade da mistura de betão.

c) Resistência do betão.

d) Resistência do betão ao gelo.

8. Que propriedades de uma mistura de betão determinam a sua mobilidade?

a) A capacidade de uma mistura de betão se espalhar devido ao seu próprio peso e à coesão da mistura de betão.

b) Esta propriedade caracteriza a coesão interna da mistura de betão, a sua capacidade de ser moldada numa determinada forma sem rutura ou delaminação.

c) A capacidade do betão de não permitir a passagem de água sob pressão.

d) A propriedade do betão de se manter quando exposto a temperaturas elevadas durante curtos períodos de tempo.

9. Qual é a propriedade do betão que caracteriza a sua resistência ao gelo?

a) A capacidade do betão para resistir à passagem de água sob pressão.

b) A capacidade de o betão saturado de água manter a sua resistência e não colapsar quando alternadamente congelado e descongelado.

c) A propriedade do betão de se manter quando exposto a temperaturas elevadas durante curtos períodos de tempo.

d) A capacidade de uma mistura de betão se espalhar devido ao seu próprio peso e à coesão da mistura de betão.

10. O que se entende por relação água-cimento?

a) A relação entre a água e a massa de cimento numa mistura de betão acabado de fazer, considerando apenas a água livre e não a água absorvida pelo agregado. Durante a cura, dependendo da qualidade e do tempo de cura, o cimento absorve apenas 15-25% da massa de cimento.

b) Para tornar a mistura de betão plástica, adiciona-se consideravelmente mais água ao betão (40-70% do peso do cimento, B/C = 0,4-0,7), porque com B/C = 0,2 a mistura de betão está quase seca e não pode ser misturada e colocada corretamente.

c) A resistência do betão aumenta à medida que a relação água/cimento diminui.

d) Todas as respostas estão corretas.

11. Qual é a resistência garantida do betão, em MPa, com um nível de confiança de 0,95?

a) V

b) M

(c) B

d) W

12. O que indica o valor normalizado da resistência média do betão em kgf/cm$^{(2)}$ (MPa)?

a) V

b) M

c) B

d) W

13. Qual é a propriedade do betão que melhor resiste à compressão?

a) Mobilidade.

b) Resistência ao gelo.

c) Força.

d) Resistência à água.

14. Como se pode garantir o estado normal de cura do betão no inverno?

a) Utilização de cimentos de alta resistência e de endurecimento rápido.

b) Reduzir a relação água-cimento e compactação intensiva da mistura de betão

c) Introduzir aceleradores de cura (cloreto de cálcio, etc.) na mistura de betão.

d) Todas as respostas estão corretas.

15. Como se designa o betão utilizado nas estruturas hidráulicas para a betonagem de estruturas de paredes finas densamente armadas com configurações complexas?

a) Betão vazado no local.

b) Betão de grão fino.

c) Betões para proteção contra radiações.

d) Betões decorativos.

16. Como se chama o betão utilizado para o acabamento de faixas estruturais de estradas, etc.?

a) Betão pesado.

b) Betão leve.

c) Betão decorativo.

d) Betão rodoviário.

17. Em que condições é que o betão cura?

a) Cura natural, cura a 1=15-20°C e à pressão atmosférica.

b) Betões submetidos a um tratamento térmico (70-90°C) à pressão atmosférica para acelerar a cura.

c) Betões com cura em autoclave a 1=175-200°C e pressão de vapor de 0,9-1,6MPa.

d) Todas as respostas estão corretas.

18. Como se designa o betão utilizado para fabricar estruturas de betão pré-fabricado e de

betão armado estruturais e envolventes, utilizado em vez de tijolos e betão pesado?

a) Betões leves.

b) Betões leves e ligeiros.

c) Betões particularmente leves.

d) Betões particularmente pesados.

19. Como se dividem os betões leves em betão de keramsite, betão de agloporite, betão de escórias, betão de pedra-pomes, etc.?

a) Dependendo do tipo de agregado grosso utilizado.

b) Em função do tipo de agregado fino utilizado.

c) Dependendo do tipo de aglutinante utilizado.

d) Em função do tipo de aditivos utilizados.

20. Que betões leves com densidade média são betões leves com isolamento estrutural e térmico? $\rho = 500 - 1800\ kg/m^3$

a) $=\rho$ 500 kg/m^3, utilizado para o fabrico de placas de isolamento térmico e outros produtos.

b) $\rho = 500\text{-}1400\ kg/m^3$, utilizado em estruturas envolventes estruturais e autoportantes (paredes e pavimentos).

c) $=\rho$ 1400 - 1800 kg/m^3 utilizados em estruturas de suporte de carga.

d) $\rho = 1800 - 2200\ kg/m^3$ utilizado para paredes, lajes e revestimentos.

Respostas corretas

1 - c	5 - b	9 - b	13 - c	17 - d
2 - a	6 - c	10 - b	14 - d	18 - a
3 - a	7 - a	11 - a	15 - a	19 - a
4 - d	8 - a	12 - b	16 - c	20- b

LITERATURA

1. Bazhenov Y.M. Tecnologia do betão. M. Escola Superior. 2003г. 500c.

2. Vorobyev V.A., Komar A.G. "Materiais de construção". Editora de literatura sobre construção. M. 1971, pp. 496.

3. Gorchakov G.I., Bazhenov Y.M. Materiais de construção. M. Stroyizdat. 1986г. 688c.

4. Gorchakov G.I., Bazhenov. YU.M. "Materiais de construção". Stroyizdat. M., 1986. Página 687

5. Komar A.G. "Materiais e produtos de construção". Escola Superior. M.1988. pp. 527.

6. Korchagina O.A. Conceção da composição de betão pesado, leve e silicatado. Tambov. Editora do GOU VPO TSTU. 2010г.

7. Osnovin V.N., Shulyakov L.V., Dubyago D.S. Livro de referência sobre materiais e produtos de construção. Edição do quinto. "Fénix" 2009g. 448c.

8. Khiregovich M.I., Gorchakov G.I. e outros. "Materiais de construção". Stroyizdat. M. 1970. Pp. 368.

9. podomostroim.ru Betonagem de inverno.

10. gardenweb.ru>klassifikatsiya-betonov Classificação dos betões.

Printed by Books on Demand GmbH, Norderstedt / Germany